HEIKE ABIDI

WER SIND SIE UND WAS HABEN SIE MIT MEINEM MANN GEMACHT?

HEIKE ABIDI

WER SIND SIE UND WAS HABEN SIE MIT MEINEM MANN GEMACHT?

Männer werden nicht älter, nur wunderlich

Für Halaim –
den besten Ehemann von allen!

INHALT

♥

VORWORT: ... UND LORIOT HATTE DOCH RECHT

♥

Liebe Leserin,

kennst du diesen legendären Loriot-Cartoon, in dem der Ehemann „einfach nur hier sitzen" möchte, während die Frau ihn dauernd mit Vorschlägen nervt, was er stattdessen tun könnte? Er endet mit dem Satz: „Männer und Frauen passen einfach nicht zusammen."

Dabei kannte Loriot meinen Mann und mich nicht einmal. Denn unterschiedlicher als wir können zwei Menschen kaum sein.

Als wir 1989 heirateten, gab nicht einmal das Horoskop (an das ich zum Glück nicht glaube) unserer Ehe eine Chance – viel weniger unsere Freunde, unsere Familien, unser Umfeld. Und das lag nicht bloß daran, dass wir erst seit wenigen Monaten ein Paar waren. Sondern vor allem daran, dass wir im Grunde überhaupt nichts gemeinsam hatten. Nicht mal ein Hobby (haben wir übrigens immer noch nicht). Das konnte unmöglich gut gehen!

Ging es aber doch. Seit über dreißig Jahren.

Wie wir das geschafft haben? Nun, Liebe hilft schon mal sehr. Humor aber auch! Und sich selbst nicht so ernst zu nehmen.

Denn ob du einen Partner wählst, der dir ähnlich ist, oder dem Motto „Gegensätze ziehen sich an" folgst, spielt irgendwann keine Rolle mehr. Spätestens, wenn sie in die besten Jahre kommen, werden Männer irgendwie wunderlich. Als wäre dein Liebster in die Pubertät zurückgekehrt und zugleich altersstarrsinnig geworden. Und dann würdest du ihn am liebsten fragen: „Wer sind Sie, und was haben Sie mit dem Mann gemacht, den ich geheiratet habe?"

Ich weiß, wovon ich rede. Mein Mann ist das beste Beispiel dafür. In einem Moment versteckt er sich hinter dem Vorhang, um dann „Buh!" zu schreien und mich erschrecken zu können, im nächsten Moment hält er einen Vortrag über sein errechnetes Renteneintrittsdatum.

Kommt dir bekannt vor? Dachte ich mir.

Ja, es ist nicht einfach, wenn Männer komisch werden. Aber sich pausenlos darüber aufzuregen, macht nur schlechte Laune und Falten. Viel besser ist es doch, sich darüber zu amüsieren. Stell dir einfach vor, eure Ehe wäre ein Loriot-Cartoon. Oder eine Sitcom. Oder ein lustiger Schmöker …

Siehst du? Es funktioniert!

PS: Übrigens – ich freue mich, wenn nicht nur Frauen, sondern auch Männer dieses Buch lesen. Solltest du ein Mann sein, lass dich nicht davon irritieren, dass ich dich hin und wieder so anrede, als wärest du eine Frau. Das ist dann „generisch" gemeint. So wie wenn du „Arzt" sagst und „Ärztin" meinst. Du bist dann mitgemeint, okay? Ich wusste, du hast Verständnis!

TEIL 1

NACH DEM HAPPY END FÄNGT DER GROSSE SPASS ERST AN

H WIE **HAUPTSACHE LIEBE**

♥

In diesem Buch wird es viel zu lachen geben, so viel steht fest. Und in den meisten Geschichten wird mein Mann im Mittelpunkt stehen.

Nun könntest du den Eindruck gewinnen, ich wollte mich über ihn lustig machen, ihn der Lächerlichkeit preisgeben. Doch das wäre ein Trugschluss. Ich lache nicht auf seine Kosten, sondern mit ihm. Manchmal auch über ihn, okay, aber da er ja mitlacht, ist das nur liebevoll gemeint.

Denn so komisch er auch manchmal agiert, mein Mann ist der beste Ehemann von allen. Voller Güte, Großzügigkeit und Gefühl.

Wenn er jemanden liebt – und das bin seit über dreißig Jahren ich –, dann bedingungslos. Ohne Kompromisse. Mit Leib und Seele.

Natürlich konnte ich das nicht wissen, als ich ihn Ende der Achtzigerjahre kennenlernte und bereits nach wenigen Monaten heiratete, mehr oder weniger Hals über Kopf. Aber ich ahnte es.

Schuld daran sind drei Striche auf seinem linken Oberarm, zwei etwas kräftigere senkrechte und ein kaum noch sichtbarer quer in der Mitte. Das Ganze sieht aus wie ein H inmitten einer großflächigen Narbe wie von einer Verbrennung. Man könnte fast glauben, es wäre eine Tätowierung – was daran liegt, dass es eine ist.

Die Geschichte dieses Tattoos ist komisch und rührend zugleich, und ich kann sie dir unmöglich vorenthalten. Es ist die Geschichte tiefer Gefühle, die unerfüllt geblieben sind – eine echte Lovestory, so romantisch, wie es nur die erste Liebe zu sein vermag.

Mein Mann war zehn Jahre alt, als er Habiba zum ersten Mal sah. Eigentlich hätte er sauer auf sie sein sollen, denn dort, wo der Neubau stand, in dem sie wohnte, war vorher der Bolzplatz gewesen, auf dem er und seine Freunde nachmittags gespielt hatten. Na ja, eigentlich war es kein richtiger Bolzplatz, sondern ein relativ flaches, einigermaßen gestrüppfreies Gelände, auf dem die Jungs mithilfe von Stöcken das Spielfeld abgegrenzt und mit den Fersen im Staub die Linien markiert hatten. So war das nun mal in den frühen Siebzigern in nordafrikanischen Dörfern.

Doch nun stand da diese Baracke. Na ja, es war natürlich keine Baracke, sondern ein ziemlich schönes Haus mit Ornamentfliesen am Sockel, strahlend blau lackierten Klappläden, einer hübschen Sitzbank neben dem eindrucksvollen Eingangstor und einer riesigen Dachterrasse. Die Jungs nannten sie bloß Baracke, weil ihnen zum Schimpfen zumute war. Denn das neue Haus war der Grund, warum sie sich an diesem Tag mühevoll einen neuen Bolzplatz hatten suchen und abstecken müssen.

Nun war es Abend und sie waren auf dem Heimweg, als sie an dem Neubau vorbeikamen, und da sah er sie. Sie saß auf der Bank vor dem Eingang, las in einem Buch und sah dabei so anmutig aus, dass es ihn wie ein Blitz traf. Mein Mann – beziehungsweise sein zehnjähriges Ich – war sofort schockverliebt!

Von Stund an befand er sich im Ausnahmezustand. Während seine Brüder neben ihm schon selig schlummerten, dachte er an sie. Auch in der Schule dachte er nur an sie. Beim Essen, beim Fußballspielen, bei den Hausaufgaben ... er dachte einfach immerzu an Habiba.

Es hätte keinen passenderen Namen für die Angebetete geben können, schließlich bedeutet Habiba „die Geliebte".

Er träumte von ihrem schokoladenbraunen, sanft gewellten Haar, ihrem goldbraunen Teint, ihren langen Beinen und schmalen Füßen, ihrem gazellenartigen Gang, ihren mandelförmigen Augen mit dem geheimnisvollen Blick, ihrem unergründlichen und zugleich so bezaubernden Lächeln.

Stundenlang konnte er darüber grübeln, ob dieser Blick und dieses Lächeln wirklich ihm gegolten hatten und welche Botschaft sich dahinter verbarg. Empfand sie auch etwas für ihn? Er wagte kaum, es zu hoffen. Aber insgeheim tat er es doch. Von ganzem Herzen. Denn er wusste in diesem Moment, dass er nie eine andere lieben würde. Sie oder keine!

Vorerst musste er sich jedoch mit einseitigem Anschmachten aus der Ferne zufriedengeben. Wenn er mit den Jungs auf dem Weg zum Bolzplatz an ihrem Haus vorbeikam, saß sie nicht selten auf der Bank vor dem Haus. Besonders gut gefiel ihm, wenn sie mit einer anmutigen Bewegung eine Haarsträhne hinters Ohr strich. Dann machte sein Herz jedes Mal einen Extraschlag. Manchmal schaute sie wie zufällig auf, und wenn sich ihre Blicke begegneten, stand für einen kurzen Moment die Welt still. Einmal nickte sie fast unmerklich, und natürlich registrierte er diese winzige Bewegung ganz genau. Das musste doch etwas zu bedeuten haben!

Nach dem Abendessen unternahm er zum ersten Mal im Leben einen Verdauungsspaziergang. Jedenfalls war das sein Alibi. Seine Eltern schienen keinen Verdacht zu schöpfen. Seine Geschwister sowieso nicht, die stritten gerade über das Fernsehprogramm.

Sicherheitshalber nahm er nicht den direkten Weg, sondern schlenderte scheinbar ziellos durch die Straßen, bis er wie zufällig an ihrem Haus vorbeikam. Und ebenso zufällig war das genau der Moment, in dem sie den Müll rausbrachte. Er sprintete los, um ihr den Deckel der Tonne aufzuhalten, wofür sie sich schüchtern lächelnd bedankte. Anschließend standen sie noch ein bisschen nebeneinander unter dem Olivenbaum, bis Habiba schließlich erklärte, sie müsse jetzt wieder reingehen.

Ohne sich ausdrücklich dafür verabredet zu haben, wiederholten sie diese Begegnung am nächsten Abend. Und am übernächsten. Und an jedem weiteren Abend dieses unvergesslichen Sommers.

Ihre Gespräche blieben einsilbig. Nicht ganz so knapp wie beim ersten Mal, aber über ein paar Bemerkungen betreffend das Wetter, die Schule oder ihre jeweiligen Lieblingsessen ging es nie hinaus. Es blieb auch kaum Zeit für mehr, denn Habibas Eltern durfte natürlich nicht auffallen, wie lange sie wegblieb, wenn sie den Müll rausbrachte, und ebenso wenig durften seine Verdauungsspaziergänge ausufern.

Aber diese wenigen Minuten, die sie allabendlich miteinander hatten, machten ihn so glücklich, wie er es sich noch vor ein paar Wochen nie hätte träumen lassen.

Habiba war die Liebe seines Lebens, daran zweifelte er keine Sekunde. Am liebsten hätte er ihr einen Verlobungsring geschenkt. Aber natürlich fehlten ihm dafür die Mittel. Und außerdem war es vollkommen unangebracht für zwei Zehnjährige, sich zu verloben. Die anderen Kinder würden sie auslachen. Und die Erwachsenen … Nun, er malte sich lieber nicht aus, was die dazu sagen würden. Erwachsene neigten ja ohnehin dazu, aus einer Mücke einen Elefanten zu machen.

Es würde also so bald nichts werden aus der Sache mit der Verlobung. Aber er sehnte sich nach einem Zeichen. Einem Symbol dafür, dass er sie liebte und auch in Zukunft lieben würde. Für immer und ewig.

Die Idee überkam ihn im Mathematikunterricht. Als er mit dem Zirkel herumspielte und sich fast an dessen Spitze stach. Er betrachtete den Abdruck. Und dann seinen Füllfederhalter. Und so langsam reifte der Plan …

Vielleicht hätte er einen Rückzieher gemacht, wenn er sich das alles etwas länger durch den Kopf hätte gehen lassen. Doch dazu war es viel, viel zu heiß …

Und so zog er die Sache durch. Hinter der Schulmauer im Schatten. Er zog sein Hemd aus. In einer Hand hielt er eine Nadel, in der anderen ein Tintenfässchen.

Und nun?

Vor lauter Liebestaumel hatte er sich gar nicht richtig überlegt, wie er vorgehen wollte. Wie sollte er ihren Namen in der schwierigen arabischen Schrift hinbekommen? Und dann auch noch auf dem Kopf – sonst würde nur er es richtig lesen können, und nicht die ganze Welt.

Spontan beschloss er, dass der Anfangsbuchstabe ihres Vornamens genügte, als Symbol. Und er entschied sich für lateinische Druckschrift – damit sah das H nämlich von beiden Seiten gleich aus.

Vorsichtig tunkte er die Nadel in die Tinte, dann bohrte er sie zaghaft in die sonnengebräunte Haut seines linken Oberarms. Es tat überraschend weh.

Er begann mit dem Querstrich. Mit der Zeit gewöhnte er sich an den Schmerz. Bei den zwei langen, senkrechten Strichen war er nicht mehr so zögerlich und stach fester zu. Und dann war das H fertig. Sein Liebes-Tattoo. H wie Habiba.

Für immer und ewig würde diese Tätowierung auf seinem Arm bleiben. Man würde es dort bestaunen können, bis Habiba und er alt und grau waren. Alle würden es sehen ...

Die Erkenntnis traf ihn wie ein Hammerschlag. Ja, alle würden sehen, was er getan hatte – auch seine Eltern. Und sie würden nicht begeistert sein!

Den Rest des Nachmittags verbrachte er mit dem Versuch, das H wieder zu entfernen. Mit Wasser, was rein gar nichts half. Mit Schleifpapier, was höllisch wehtat. Und sogar mit heißem Öl, das brannte wie Feuer. Es bildeten sich Brandblasen, aber das Tattoo verschwand nicht. Nur der Mittelbalken, bei dem er noch zaghaft zugestochen hatte, verblich ein wenig. Das H aber war weiterhin deutlich zu erkennen und ist es noch heute.

Die Sorge, seine Eltern könnten entdecken, was er getan hatte, war übrigens unbegründet. Die Ärmel seiner T-Shirts verdeckten es. Vermutlich haben sie nie davon erfahren.

Was sie aber sehr wohl mitbekamen, waren die heimlichen Treffen mit Habiba. So etwas gehörte sich nicht, fanden seine Eltern ebenso wie ihre. Und das war das Ende seiner ersten großen Liebe.

In den nächsten Jahren war er froh, dass auch sein eigener Vorname mit einem H begann. So konnte er jedem, der danach fragte, eine glaubwürdige Erklärung für sein Selbsttattoo liefern.

Ich würde jetzt nicht behaupten, dass er gezielt nach einer Partnerin fürs Leben gesucht hat, deren Name ebenfalls mit einem H anfängt, aber dass es so gekommen ist, finden wir beide ziemlich praktisch.

Immer mal wieder diskutieren wir darüber, sein laienhaftes Werk von einem echten Tattookünstler mit einem Cover-up aufhübschen zu lassen. Doch dazu ist es bisher nie gekommen. Mein Mann behauptet, er könne sich nicht für ein geeignetes Motiv entscheiden. Angeblich schwankt er zwischen einem Adler und einer tropfenden Rotznase.

Wer ihn kennt, weiß, dass diese Alternativen genauso typisch für ihn sind wie die Fähigkeit, sich bereits als Zehnjähriger so unsterblich zu verlieben, dass ihm alles andere egal war.

Und genau das liebe ich an ihm. Seine Verrücktheit, seine Leidenschaft, sein verunglücktes Selbsttattoo. Vielleicht lässt er es ja doch eines Tages überstechen, vermutlich aber eher nicht. Dann bleibt da auf seinem Oberarm eben auf immer und ewig ein H stehen – H wie Hauptsache Liebe.

ABER **DIE MERKEL** IST DOCH AUCH **HÜBSCH**

♥

Ja, er ist ein echter Romantiker, mein Mann. Und er verwöhnt mich, was das Zeug hält! Kocht mir leckerste Speisen, bringt mir an besonders stressigen Tagen Kaffee, Tee, Apfelschnitze und Blätterkrokanteier an den Schreibtisch, übernimmt alle Aufgaben, die ich nicht so gern mag (vom Einkaufen bis zum Wäschebügeln) und schenkt mir nicht nur zu besonderen Anlässen Blumen, sondern jede Woche. Ohne Ausnahme! Ich habe immer einen frischen Rosenstrauß neben mir stehen, der mich daran erinnert, was für ein Glück ich doch habe.

Außerdem ist er extrem freigiebig mit Komplimenten. Wunderbaren Komplimenten!

Während andere Frauen sich kaum erinnern können, wann ihre Männer ihnen mal was Nettes zu ihrem Aussehen gesagt haben, weiß ich es ganz genau: heute. Und nicht nur zu meinem Aussehen, sondern auch zu meinen inneren Werten. Das macht er schon automatisch, damit ich ihm nicht vorwerfen kann, mich nur wegen irgendwelcher Äußerlichkeiten zu lieben. Er rühmt mein Wesen, meinen Fleiß, meine Kreativität, meine Geduld, einfach alles.

Manchmal, wenn ich gerade nicht so gut drauf bin und mir ein Blick in den Spiegel bestätigt, dass ich auch ziemlich genau so aussehe, wie ich mich fühle, dann überfordern mich seine Komplimente regelrecht. Ich bin nicht sonderlich gut darin, sie dankbar anzunehmen, sondern schaffe es immer irgendwie, sie abzuschmettern. Neulich sagte er einmal, ich würde von Tag zu Tag schöner. Worauf ich erwiderte, es sei wohl höchste Zeit für einen Termin beim Augenarzt.

Ganz schön blöd von mir, ich weiß. Vielleicht bin ich auch einfach nur verwöhnt von den Komplimenten und nehme das alles viel zu selbstverständlich?

Ich meine, als mein Mann und ich uns kennenlernten, war ich Anfang zwanzig, schlank, faltenfrei und hatte lange blonde Haare. In den über dreißig Jahren, die seitdem vergangen sind, bin ich entsprechend älter geworden, habe gewichtsmäßig ein Jo-Jo-Spektrum von rund einem Zentner mitgemacht und unzählige Frisuren und Haarfarben ausprobiert, von denen nur die wenigsten eine wirklich gute Entscheidung waren.

Er verliert darüber kein Wort. Nur als ich mich einmal für einen besonders gewagten Farbton namens „Kastanie" entschieden hatte, der offensichtlich mehr Rotpigmente enthielt als erwartet, nannte er mich zärtlich „mein Eichhörnchen", wofür ich ihm natürlich nicht ernsthaft böse sein konnte.

Auch meine enormen Gewichtsschwankungen kommentiert er ausschließlich dann, wenn ich gerade abgenommen habe. Dann lobt er meine erschlankte Figur, nicht ohne zu betonen, dass er mich auch vorher toll fand.

Doch dann schafft er es wieder, mit einer Bemerkung alles zu zerstören. So wie damals, als hundertneunzig Millionen im Jackpot waren. „Wenn ich die gewinne, spendiere ich dir alle

Operationen, die du dir wünschst!", rief er euphorisch, als er mit seinem Lottozettel nach Hause kam.

„Welche Operationen denn?", fragte ich verblüfft, denn dieses Stichwort verbinde ich eher mit dramatischen Notfalleinlieferungen. Nichts, worüber ich mich jemals freuen würde.

„Na, Schönheitsoperationen eben", sagte er arglos. „Du weißt schon, Fettabsaugung, Faltenstraffung und so."

Ich war sprachlos. Wie kam mein Liebster bloß darauf, dass ich mich nach so etwas sehnte? War er von meinem Aussehen doch nicht so begeistert, wie er immer tat?

„Das ist ja wohl …", rief ich empört, unfähig, meine grenzenlose Entrüstung in angemessene Worte zu fassen. Anders ausgedrückt: Ich war sprachlos, was echt nicht oft vorkommt. Also zog ich es vor, pikiert zu schweigen.

Tja, ich hielt es gerade mal eine Viertelstunde lang durch. Die beleidigte Leberwurst zu spielen, liegt mir nun mal nicht. Und der Blick meines Liebsten ließ mein eingeschnapptes Herz sofort erweichen.

Zumal mir schon klar war, was er eigentlich gemeint hatte: Nämlich, dass er mir liebend gern jeden noch so kostspieligen Wunsch erfüllen würde!

Als ich mich wieder beruhigt hatte, erklärte ich ihm, dass mir Fettabsaugungen viel zu riskant seien und Schönheits-OPs im Gesicht ebenso – „ich sag nur Meg Ryan".

Das sah er sofort ein. Meg Ryan war einmal der Inbegriff einer wunderschönen, entzückenden Frau gewesen. Nach diversen Eingriffen ist davon nur noch eine Horrorversion ihrer selbst übrig geblieben.

„Außerdem habe ich überhaupt nicht viele Falten", stellte ich nach einem prüfenden Blick in den Spiegel fest. Das ist einer der Vorteile, wenn man keine feinporige Haut und auch ein paar Kilo zu viel auf den Rippen hat.

„Jedenfalls keine Krähenfüße oder so", vervollständigte ich meine Diagnose. Wobei ich die eigentlich ganz hübsch finde. Strahlenförmige Lachfältchen machen ein Gesicht keinesfalls hässlich, sondern eigentlich nur schöner! Doch obwohl ich gern, oft und laut lache, ist davon bei mir nicht die Spur zu sehen.

„Allerdings kriege ich einen Truthahnhals, so wie meine Vorfahren väterlicherseits, bloß dass ich mir keinen Bart darüber wachsen lassen kann", fuhr ich fort.

„Ach was, das bildest du dir ein", widersprach mein Mann sofort. Der Gute!

„Und ich habe diese komischen tiefen Linien zwischen Nase und Mund. O mein Gott, ich kriege Falten wie Angela Merkel!!!"

Diese Erkenntnis bestürzte mich nun doch ziemlich.

Und dann sagte mein Mann etwas, das alles nur noch schlimmer machte. Nämlich: „Aber die Merkel ist doch auch hübsch."

Hallo? Sollte das etwa ein Trost sein???

Mir wären jede Menge Adjektive eingefallen, um die Kanzlerin zu beschreiben. Intelligent. Strukturiert. Durchsetzungsfähig. Analytisch. Unaufgeregt. Engagiert. Sachlich. Zielstrebig. Kontrolliert. Wachsam. Besonnen. Pragmatisch. Planvoll. Diplomatisch. Selbstbewusst. Ausdauernd.

Ihr Äußeres verbindet man mit ihren Blazern in allen Farbschattierungen, der typischen Kurzhaarfrisur und der schon sprichwörtlichen Handhaltung, der Merkel-Raute. Aber hübsch?

Immerhin hat sie ein verschmitztes Lächeln und einen wachen Blick. Außerdem ist sie wohltuend uneitel. Vielleicht ist der Vergleich also doch ein Kompliment?

Genauso, wie mich mein Mann mit einer unbedachten Bemerkung in Selbstzweifel stürzen kann, muntern mich seine Lobhudeleien immer wieder auf. Zum Glück kommen Erstere superselten vor, während Letztere an der Tagesordnung sind und mich tatsächlich immer noch überraschen können.

Zum Beispiel neulich, als ich einen Altersfleck unter dem linken Auge habe untersuchen lassen (alles gut, sagt der Hautarzt, nichts Gefährliches, nur ein „Zeichen schwindender Jugend") und ich mit dem Gedanken spielte, mir das Ding weglasern zu lassen, da rief er empört: „Aber nein, das ist doch dein Schönheitsfleck!" Ich war ganz gerührt, zeigt es doch, dass er selbst meinen Makeln etwas abzugewinnen weiß. Er liebt mich eben so, wie ich bin, und findet mich toll. Ist das nicht großartig?

Übrigens: Gerade fragt er mich, welches Kapitel ich heute schreibe. Und bittet mich darum, Folgendes zu ergänzen: „Dieser Mann ist unersetzbar und nicht zu vergeben!" Was ich hiermit betone. Nachdrücklich!

ES IST MIR EINE **EHE**!

♥

Hochzeiten sind alles andere als out, daran konnten auch die wilden Siebziger mit ihrer freien Liebe nichts ändern. Viele Gründe sprechen für das Heiraten – sie sind vielfältig und liegen auf der Romantik-Skala weit auseinander.

Natürlich betrachten viele das Eheversprechen als ultimativen Liebesbeweis und sagen, sie fühlen sich einander durch ihr Jawort stärker verbunden. Das ist natürlich superromantisch!

Andere sehen die Ehe als Basis, um eine Familie zu gründen – was ja auch ziemlich viel mit Gefühlen zu tun hat. (Auch wenn sie vielleicht mit der Familiengründerei schon vorab angefangen haben und die Verbindung nun rechtzeitig legalisieren wollen, bevor der Nachwuchs schlüpft.)

Nicht ganz so idealistisch sind die Motive derer, denen es um Steuererleichterungen, Altersvorsorge oder Absicherung im Trennungs- beziehungsweise Todesfall geht – nicht zu vergessen medizinische Notfälle, Sorgerecht, Erbe und so weiter, alles Dinge, die ohne Trauschein zwar auch geregelt werden können, aber viel umständlicher.

Und dann gibt es noch diejenigen, die schon von Kindesbeinen an davon träumen, eines Tages ein prachtvolles Brautkleid zu tragen und das schönste Fest aller Zeiten zu feiern. Ich würde das auf der Romantik-Skala irgendwo in der Mitte einordnen.

„Schon krass, dass drei Prozent aller Paare nur deshalb die Ehe schließen, weil ihre Angehörigen das wünschen", sagte ich, als ich in der Zeitung auf eine Statistik stieß. „Und ein Viertel gibt an, zu heiraten, weil es so ein schöner Brauch ist."

„Warum hast du mich denn geheiratet?", fragte mein Mann.

„Aber das weißt du doch!", erwiderte ich verblüfft. „Aus Liebe natürlich!" Das sollte er doch nun wirklich wissen, schließlich waren wir zu dem Zeitpunkt bereits seit vierundzwanzig Jahren glücklich verheiratet.

Okay, damals bei unserem überhasteten Jawort hatte auch die Sache mit der Aufenthaltserlaubnis eine Rolle gespielt, aber letztendlich ist es natürlich die Liebe gewesen, die mich dazu gebracht hat, diese Entscheidung zu treffen. Die Alternative, den Mann meines Lebens vielleicht nie wiederzusehen und das nur wegen eines blöden Stempels, war für mich undenkbar.

„Hm", machte mein Mann nachdenklich. Und das wurde ich nun ebenfalls.

„War das bei dir etwa anders?"

„Nein, natürlich nicht. Aber eigentlich heiratet man ja auch, damit man endlich seine Ruhe hat."

„Damit man *waaas*?"

„Na ja, du weißt schon. Dieses ewige Ausgehen und Leutekennenlernen und Flirten … Ständig muss man seine Lebensgeschichte erzählen und die Familie kennenlernen und sich von seiner besten Seite zeigen. Das ist ganz schön anstrengend."

„Du meinst also, mich kennenzulernen war so anstrengend, dass du dir das nicht noch mal antun wolltest?" Ich war ziemlich entgeistert von seiner unromantischen Antwort.

„Warum sollte ich noch mal jemanden kennenlernen wollen, wenn ich meine Traumfrau doch schon gefunden habe?", gab er auf seine unnachahmliche Weise zurück und nahm mir damit den Wind aus den Segeln. „Was geben die Leute denn sonst noch für Gründe an – außer Liebe und Steuern und so?", fragte er dann.

„Zum Beispiel, dass sie ein schönes Fest feiern wollen", las ich vor.

Er nickte. „Auch ein sehr guter Grund. Das war toll damals."

Stimmt. Unsere Feier war wirklich wunderschön gewesen. Sehr familiär und schlicht, verglichen mit den Megaevents, die heutzutage üblich sind, vermutlich ein Witz, aber für uns eben perfekt. Das Wetter war bombastisch gut, sodass wir fast den ganzen Tag draußen verbrachten. Zu dem einsam gelegenen Hunsrücker Waldhotel gehörte ein riesiges Grundstück, und wir hatten es ganz für uns und unsere Hochzeitsgesellschaft. (Heute ist es übrigens total verfallen und erinnert eher an eine Location für einen Gruselfilm. Tja, es kann eben nicht alles halten. Hauptsache, unsere Ehe tut es.)

„Schade eigentlich, dass wir nie wieder so ein schönes Fest feiern konnten", überlegte ich. Mein Mann hat im Januar Geburtstag, ich im November. Keine Chance auf eine Outdoor-Party, wenn man die Feierlichkeiten nicht verlegt, so wie die Queen. „Uns fehlt einfach ein sommerlicher Anlass."

„Wie wäre es denn mit unserer Silberhochzeit nächstes Jahr?", schlug mein Mann vor.

„Du meinst, du willst feiern, dass du seit einem Vierteljahrhundert deine Ruhe hast?", stichelte ich.

„Na hör mal. Ich würde dich jederzeit wieder heiraten!", rief mein Mann empört. „Es ist mir eine Ehe, mit dir vermählt zu sein."

Und so beschlossen wir, groß zu feiern. Mit der ganzen Familie und all unseren Freunden. Der Termin war schnell gefunden – das Augustwochenende nach unserem Hochzeitstag. Wir luden über ein halbes Jahr vorher ein, und fast alle sagten zu!

Fehlte nur noch eine Location. Das verfallene Gruselhotel kam natürlich nicht infrage.

„Ich will einen Ort, an dem man bei gutem Wetter auch draußen sitzen kann, wo es aber genauso schön ist, wenn es regnet", sagte ich. „Und die Leute, die von weiter weg angereist kommen, sollten idealerweise ganz in der Nähe übernachten können."

Wir hörten uns um und recherchierten fleißig. Am Ende blieben drei Restaurants übrig, eins davon mit Hotel.

Im ersten war es drinnen nicht besonders schön, und eine Sonnenscheingarantie gab es ja selbst im Hochsommer nicht, also schied es aus.

Das zweite war viel zu teuer und die Speisekarte sagte uns nicht zu.

So blieb nur noch eine Option. Wir fuhren zum Probeessen hin. Es war Sonntag, und das Lokal war gut besetzt. Hauptsächlich von älteren Leuten oder Familien. Die Möbel waren gediegen, die Tischtücher blütenweiß und gestärkt, die Bedienungen tüchtig.

Ich bestellte mir einen Salat mit Lachs, mein Mann entschied sich für ein Rumpsteak. „Daran erkennt man, ob der Fleischlieferant gut ist und ob der Koch Ahnung hat", erklärte er.

Es schmeckte … okay. Eigentlich richtig lecker, aber irgendwas stimmte nicht. Ich fühlte mich nicht wohl in meiner Haut. Stellte mir vor, wie wir an unserem großen Tag dasitzen würden. In einem Nebenzimmer, die Tische u-förmig gestellt. Mein Mann und ich am Kopfende, vor uns Kerzen und Blumenschmuck auf den Tischen.

„Das ist nichts für uns", platzte ich heraus. „Viel zu unlocker. So eine Feier will ich nicht."

Man konnte regelrecht hören, wie meinem Mann ein riesiger Felsbrocken vom Herzen fiel.

„Wie gut, dass du das sagst. Ich will das auch nicht. Ich will lieber eine Grillparty und selbst die Steaks wenden und dabei Bier aus der Flasche trinken!"

Nun war ich es, die erleichtert aufatmete.

„Mir fällt allerdings nur ein Ort ein, an dem das möglich wäre", sagte ich. Wir hatten dort bereits mehrfach mit dem Chor gegrillt, es gab genug Platz für alle, ausreichend Geschirr, Sitzgelegenheiten, Kühlschränke, Toiletten und für den Notfall auch einen Saal mit großen Fenstern, der sehr schön war. Allerdings gehört die Location zu einem Bestattungsunternehmen. Und mir war klar, wie abergläubisch mein Mann zuweilen sein konnte …

„Ich weiß", erwiderte er. „Ruf ihn an."

„Keine Angst vor den Toten?", foppte ich ihn. Irgendwie fühlte ich mich auf einmal total aufgedreht. Das musste die Erleichterung darüber sein, dass uns die Spießerfeier erspart blieb. Nun durfte bloß nichts mehr schiefgehen. Was, wenn das Gelände zu dem Termin schon vergeben war? Schließlich wird es häufiger für trauerfreie Anlässe genutzt, selbst Konfirmationen finden dort häufig statt. Wenn auch nicht im August, immerhin.

Noch aus dem Lokal mit den gestärkten Tischdecken und den tüchtigen Bedienungen rief ich meinen Chorkollegen an, dem die Location gehört.

„Klar, da ist noch frei", sagte er sofort. „Ich merke euch vor."
Den Jubelschrei konnte ich nicht ganz unterdrücken, den indignierten Blicken der Sonntagsbratengesellschaft zum Trotz.

Das Wetter war mindestens so gut wie fünfundzwanzig Jahre zuvor. Wir konnten bis spät in die Nacht draußen bleiben. Mein Mann stand stundenlang am Schwenkgrill, bediente unsere Gäste, war voll in seinem Element und antwortete auf die Glückwünsche mit den Worten: „Wir machen das ja alles ehrenamtlich!"

Gegen Abend spielte die Salsaband Todo Negro auf und sorgte für ordentlich Stimmung. Die Tatsache, dass ein Bandmitglied mit einer meiner Studienfreundinnen verheiratet ist, hatte mich auf die geniale Idee gebracht, sie zu engagieren. Dass ich dafür mit dem unerwarteten Anblick meines tanzenden Gemahls belohnt würde, hätte ich nie erwartet! Denn mein Mann war ein leidenschaftlicher Nichttänzer – bis zu diesem Tag jedenfalls.

Nachdem er für unsere Grüne Hochzeit widerwillig ein paar Walzerschritte geübt hatte, war es mir nur noch ein einziges Mal gelungen, ihn zum Tanzen zu überreden. Das war anlässlich eines Paarkurses, der von unserem örtlichen Sportverein angeboten wurde. In unserer ersten und einzigen Trainingsstunde stand die Rumba auf dem Programm, und der Tanzlehrer wurde nicht müde zu betonen, dass man dabei keinesfalls hüftsteif sein dürfe, woraufhin mein Mann eine erstklassige Powackelparodie des Tanzlehrers ablieferte, die mich nicht nur zum Lachen brachte, sondern auch fürchten ließ, wir würden in hohem Bogen rausgeworfen …

Seitdem hatte mein Mann nicht mehr getanzt. Und nun das! Er war kaum noch zu bremsen und hörte erst auf, als die Band zu fortgeschrittener Stunde abbaute.

„Fünfundzwanzig Jahre Eheamt, das muss gefeiert werden!", rief er und nahm sich eine Flasche Bier, bevor er sich erschöpft neben mich auf eine der Holzbänke sinken ließ, die wir rund ums Grillfeuer aufgestellt hatten. „Das hat übrigens in der Statistik gefehlt bei den Gründen, warum man heiratet: Damit man fünfundzwanzig Jahre später einen Anlass für ein tolles Fest hat!"

„Stimmt", sagte ich. „Wir sollten das wiederholen. Vielleicht in zehn Jahren?"

„Oder in acht Jahren und vier Monaten ", erwiderte mein Mann. „Ich habe gelesen, das Jubiläum nach dreiunddreißig ein Drittel Jahren heißt Knoblauchhochzeit. Und ich hab dafür auch schon ein paar Ideen …"

KEINE CHANCE FÜR CANDLELIGHT

♥

Mein Mann ist ein echter Romantiker. Meistens jedenfalls. Dass er mich täglich mit Komplimenten und wöchentlich mit Rosen überhäuft, habe ich ja bereits erwähnt. Aber manchmal versteht er unter Romantik doch etwas anderes als ich. Oder besser gesagt: Das, was ich unter Romantik verstehe, ist für ihn einfach ... unzumutbar.

Es geschah am Valentinstag vor ein paar Jahren. Wir nahmen den Termin zum Anlass, ein leckeres Menü zu kochen. Wobei – na ja, du weißt schon: Mein Mann kochte und ich schaute ihm bewundernd zu. Aber das ist völlig okay! Für uns beide. Schließlich ist er Profi, ich würde da nur stören.

Er zauberte etwas Köstliches aus Lachs und Rosenkohl und Süßkartoffeln ... Als Vorspeise gab es einen herrlichen Fenchelsalat mit Orangen und glasierten Maronen, zum Dessert selbst gemachtes Bratapfeleis. Mir lief schon beim Zuschauen das Wasser im Mund zusammen!

Weil ich sonst nicht viel beitragen konnte, deckte ich den Tisch besonders schön. Mit Platztellern und Stoffservietten und dem frisch polierten Silberbesteck meiner Großmutter und jeder Menge Kerzen.

Ich zündete sie an, dann löschte ich das Deckenlicht.

Als mein Mann den Salat auftrug, schaltete er es wieder ein. Vermutlich im Affekt. Und damit er beim Servieren nicht kleckerte. Alles klar. Konnte ja mal passieren.

Ich füllte unsere Weingläser – seins mit rotem Merlot, meins mit weißem Chardonnay –, dann machte ich die Lampe wieder aus.

„Wie – sollen wir etwa im Dunkeln essen?", fragte mein Mann entgeistert.

„Es ist doch nicht dunkel!", widersprach ich. Schließlich flackerten auf dem Tisch mindestens sieben Kerzen. Sie tauchten alles in ein wunderbar warmes Licht, das richtig feierlich wirkte.

„Nur die Kerzen? Aber …" Mein Mann ließ das Besteck wieder sinken.

„Das ist eben ein Candle-Light-Dinner. Du weißt schon – superromantisch. Schließlich ist heute Valentinstag", versuchte ich, ihm das Ganze schmackhaft zu machen.

„Aber wir leben doch nicht im Mittelalter. Das elektrische Licht wurde genau dafür erfunden, dass man es einschaltet." Er stand auf und betätigte erneut den Lichtschalter.

Hm. Das war ja ein seltsames Argument. Vor allem hatte es mit Romantik wenig zu tun.

„Kerzenlicht zaubert eine ganz besonders stimmungsvolle Atmosphäre", erklärte ich geduldig. „Alles sieht so warm und gemütlich aus. Nach Geborgenheit und so."

Ich schaltete das Licht wieder aus.

„Siehst du? Da kommen doch gleich ganz andere Gefühle auf als bei so einer seelenlosen OP-Beleuchtung."

„Es besteht ja wohl ein kleiner Unterschied zwischen einer Deckenlampe und einer OP-Beleuchtung", erklärte mein

Mann. „Aber wenn ich die Wahl hätte zwischen Kerze und OP-Strahler, dann würde ich Letzteren nehmen."

„Das kann nicht dein Ernst sein!", rief ich fassungslos. „Und ich dachte, du wolltest mit mir den Valentinstag feiern!"

„Das will ich ja auch. Aber nicht im Dunkeln", erklärte mein Liebster, während er aufstand und die Deckenlampe erneut einschaltete.

Ich war mit meinem Latein am Ende. Wie sollte man einen romantischen Abend zelebrieren ohne Kerzenschein? Das ging doch gar nicht!

Obwohl der Fenchel-Orangen-Maronen-Salat auch so super schmeckte. Dagegen war gar nichts einzuwenden. Aber zu einem stimmungsvollen Abendessen gehörte nun mal mehr als nur vorzügliche Speisen.

„Was hast du denn gegen ein Candle-Light-Dinner? Das ist doch ein Klassiker! Wenn es um Romantik geht, sind Kerzen ein Muss."

„Meinetwegen nach dem Essen", gab mein Mann zögernd nach.

„Aber dann ist es kein Candle-Light-Dinner mehr. Ich versteh dein Problem nicht!"

„Ich hab kein Problem. Ich will einfach nur sehen, was ich esse."

Okay, seine Haltung war also keine reine Verschrobenheit, sondern es gab eine sachliche Begründung. Die ich zwar noch nicht so ganz durchschaute, aber immerhin konnte ich ahnen, worum es ging.

„Du hast das Essen doch selbst zubereitet. Du weißt, wie es aussieht – und wie es schmecken soll. Du könntest es ebenso im Stockfinsteren genießen!"

Ich dachte an das Dunkelrestaurant, das ich mal gemeinsam mit einer Freundin besucht hatte. Eine lustige Erfahrung!

„Das würde ich nie tun!", wies mein Mann empört von sich.

Inzwischen hatten wir die Vorspeise beendet. Ich räumte die Teller ab und schenkte Wein nach, während mein Mann die Teller mit dem Hauptgang anrichtete.

„Guten Appetit", sagte er.

Wortlos, aber stirnrunzelnd warf ich einen Blick auf unsere Deckenlampe.

Er schüttelte den Kopf. „Ich muss alles genau sehen."

Vielleicht doch Verschrobenheit? Oder einfach nur eine berufsbedingte Macke?

„Und warum? Hast du Angst, jemand könnte dein Menü heimlich gegen Junkfood austauschen?" So langsam wusste ich nicht mehr weiter. Dieses Gespräch führte zu nichts. Zumindest nicht dazu, dass ich die Beweggründe meines Mannes nachvollziehen konnte. Und das war das Mindeste, was ich wollte: ihn verstehen.

„Ich brauche das Licht, um zu sehen, ob Ameisen über meinen Teller laufen", erklärte er bierernst und nippte an seinem Rotwein.

Ameisen??? Ich musste mich wohl verhört haben. „Wo sollen die denn herkommen? Mitten im Haus? Und das im Februar?"

„Man weiß ja nie", beharrte mein Mann trotzig.

„Weiß man wohl. So was gibt es nicht. Oder sind dir jemals in deinem Leben Ameisen über den Teller gelaufen?"

„Nicht in geschlossenen Räumen", gab er zu.

„Na siehste."

„Aber das weiß ich nur, weil es immer hell genug war."

„Auch wenn du bei Kerzenschein essen würdest, kämen keine Ameisen, das schwör ich dir!"

„Vielleicht, vielleicht auch nicht – das würde ich dann ja nie erfahren, weil ich es nicht gesehen hätte."

Von dieser Logik fühlte ich mich restlos überfordert. Ich beschloss, nicht weiter zu diskutieren, und genoss stattdessen das wunderbare Lachsgericht.

„Hat super geschmeckt", seufzte ich, als ich auch den letzten Happen des Desserts verputzt hatte. Die Eismaschine war wirklich eine Investition, die sich auszahlte!

„Auf den Valentinstag und die Liebe!", sagte mein Mann und prostete mir zu.

Dann stand er auf, um das elektrische Licht zu löschen.

„Wir wollten doch Strom sparen!", kommentierte er grinsend.

Wo bleiben nur die Ameisen, wenn man sie mal braucht?

TIPP: KOMPLIMENTE ANNEHMEN LERNEN

Eigentlich sollen sie glücklich machen und selbstbewusst, die Laune heben und einfach nur guttun. Komplimente sind was Tolles! Aber man muss sie auch annehmen können.

Du hast ja recht – das sagt die Richtige. Ich bin wirklich nicht besonders gut darin. Aber gerade deshalb kann ich dir genau sagen, wie es eben *nicht* geht ...

★Was er sagt:

Du siehst von Tag zu Tag schöner aus.

☠Was du lieber nicht antworten solltest:

Du brauchst 'ne neue Brille.

♥ So schon eher:

Kann ich das bitte schriftlich haben?

★Was er sagt:

Du bist so wunderbar weiblich.

☠Was du lieber nicht antworten solltest:

Du meinst wohl, ich bin fett?

♥ So schon eher:

Ich weiß, steht in meinem Ausweis.

★Was er sagt:

Du bist die tollste Frau, die ich kenne!

☠Was du lieber nicht antworten solltest:

Offenbar kennst du kaum jemanden.

♥ So schon eher:

Und du der tollste Komplimentemacher, den ich kenne!

★**Was er sagt:**

Ist das die neue Hose? Steht dir super!

☠**Was du lieber nicht antworten solltest:**

Und alle anderen Hosen stehen mir wohl nicht?

♥ **So schon eher:**

Darf ich vorstellen: Hose – mein Mann. Mein Mann – Hose.

★**Was er sagt:**

Ich bin wahnsinnig stolz auf dich.

☠**Was du lieber nicht antworten solltest:**

Mit Betonung auf „wahnsinnig" oder wie?

♥ **So schon eher:**

Kennst du eigentlich „Stolz und Vorurteil"?

★**Was er sagt:**

Du riechst so gut.

☠**Was du lieber nicht antworten solltest:**

Sagtest du nicht, du hast Schnupfen?

♥ **So schon eher:**

Das Parfum hast du mir doch geschenkt.

★**Was er sagt:**

Du bist ein liebenswerter Mensch.

☠**Was du lieber nicht antworten solltest:**

Kommt da jetzt noch ein „Aber"?

♥ **So schon eher:**

Und ich dachte, du kennst schon alle meine Macken!

Wobei – die Alternativen zu den So-nicht-Antworten sind auch nicht gerade der Brüller. Weißt du was? Sag doch einfach bloß: „Danke!" – und lächele ihn an. Werde ich auch gleich mal ausprobieren …

TEIL 2

EIN BAUCH NAMENS KEVIN

WILLKOMMEN IM **FRESSKOMA**

♥

Essen spielt im Leben meines Mannes eine große Rolle. Er ist eben Koch und weiß, was gut ist – zum Beispiel Früchte, die ihn an seine Kindheit in Nordafrika erinnern (nur dass dort alles natürlich viel süßer, frischer, köstlicher geschmeckt hat).

Statt das Jahr in Frühling, Sommer, Herbst und Winter zu untergliedern, teilt er es in Pfirsich-, Melonen-, Trauben- und Mandarinensaison ein. Doch genauso sehr liebt er Kaktusfeigen, Ananas, Kiwis und Granatäpfel. Nicht zu vergessen Kirschen, Mangos, Datteln und Erdbeeren ...

Wenn er einmal damit anfängt, schafft er es locker, ein Kilo Obst auf einmal zu verputzen, und wundert sich dann, wenn sein Bäuchlein zwickt.

Ich habe mir abgewöhnt, das zu kommentieren. Der Mann ist erwachsen, er muss wissen, was er tut, außerdem hört er eh nicht auf mich.

Umgekehrt aber liebt er es, mir Ernährungsvorträge zu halten, bevorzugt dann, wenn ich gerade esse – am allerliebsten, wenn es (ausnahmsweise) etwas nicht ganz so Supergesundes ist. Dann predigt er gerne über 8/16, den Jo-Jo-Effekt, ernährungsbedingte Krankheiten, Low Carb und gesunde Fette.

Meistens schließt er seine Ansprachen mit den Worten: „Ich glaube, ich werde Vegetarier."

„Genau, und an Ostern kommt der Weihnachtsmann", erwidere ich dann. Denn je öfter er es ankündigt, desto weniger glaube ich daran.

Nimmt er ab oder zu, bringt er das Ganze sofort mit dem, was er kurz vorher zu sich genommen hat, in Verbindung und entwickelt realitätsferne Theorien dazu, so als lägen die zwei Kilo seit letzter Woche an einem einzigen Stück Kuchen (oder die drei Kilo weniger seit neulich an dem abendlichen Ingwertee).

Ich rate ihm immer zu mehr Gelassenheit. Denn im Großen und Ganzen ernähren wir uns durchaus bewusst, essen viel Gemüse oder Salat und dazu am liebsten Fisch. Da kann es ja wohl nicht schaden, wenn man hin und wieder mal über die Stränge schlägt. Oder?

Nun ja, es kommt natürlich drauf an, in welchen Dimensionen sich dieses Über-die-Stränge-Schlagen bewegt. Und das wiederum hängt von der Üppigkeit des Angebotes ab. Ich sag nur: All-you-can-eat-Buffet!

Während bei mir früher oder später einfach nichts mehr reinpasst, sodass sich der Pauschalpreis kaum lohnt, scheint meinem Mann in solchen Situationen jegliches Sättigungsgefühl abhandenzukommen.

In einem unserer Lieblingsrestaurants darf man alle sieben Minuten per Tablet fünf kleine Gerichte bestellen. Wohlgemerkt: Man darf! Es ist allerdings auch nicht verboten, alle zwanzig Minuten nur zwei Sachen zu ordern, so wie ich es tue, um das Ganze ein bisschen in die Länge zu ziehen.

„Aber dann macht es doch keinen Spaß!", ruft mein Mann empört aus und tippt wild auf dem Tablet herum. „Schnell, die sieben Minuten sind abgelaufen, was soll ich nur nehmen?"

Kurz darauf werden Lammspieße, Chickenwings, Lachs-filets, Avocadowraps und frittierte Calamares serviert.

Ganz schön viel Zeug, um es in so kurzer Zeit zu verputzen! Denn in spätestens sechseinhalb Minuten gilt es ja schon wieder, sich Gedanken um die nächste Bestellung zu machen ...

Das hält selbst der hungrigste Mann nicht länger als vierzig Minuten durch, dann wird das Ganze schmerzhaft. Aber noch läuft die Zeit, und bezahlt ist bezahlt.

Mein Mann wechselt, sobald sich ein erstes Völlegefühl einstellt, rasch zum Bereich Dessert. Ein paar Portionen Eis passen nämlich immer noch rein, auch wenn man ansonsten kaum noch aufrecht stehen kann. Na ja, und an diesen Mini-Donuts ist ja so gut wie nichts dran. Ach, und Mousse au Chocolat ... die besteht doch im Grunde aus purer Luft!

Ich kann da nur staunend zuschauen und mich vor dem fürchten, was unweigerlich folgt.

„Wenn ich noch einen einzigen Happen esse, muss ich weinen", stöhnt mein Mann irgendwann, und dann weiß ich: Jetzt ist es ernst. Bevor er komplett die Kontrolle verliert, übernimmt der angeborene Selbsterhaltungstrieb. Wer will schon mitten im Restaurant platzen? Das wäre doch sehr unschön.

Die Erfahrung lehrt (uns Frauen, denn erfahrungsgemäß lehrt die Erfahrung unsere männlichen Mitmenschen eher wenig, vor allem beim Thema Selbstbeherrschung am All-you-can-eat-Buffet), dass ein Mann allein unter Frauen noch einigermaßen zivilisiert bleiben kann. Doch sitzt ein weiterer Geschlechtsgenosse mit am Tisch, ist es, als würde man sich gegenseitig anfeuern. Ohne es ausgesprochen zu haben, veranstalten die Herren der Schöpfung dann ein Wettfressen, nicht selten kombiniert mit der Königsdisziplin: Wer kann am meisten *und* am schärfsten essen?

Hinterher sitzen sie dann erschöpft da und streicheln gedankenverloren ihre Waschbärbäuche, als könnten sie einfach nicht verstehen, wo die auf einmal herkommen.

„Ihr seht aus, als wärt ihr schwanger", kommentierte meine Freundin Petra einmal.

Und ich stichelte: „Wisst ihr schon, was es wird, Mädchen oder Junge?"

Seitdem nennen unsere Männer ihre Bäuche liebevoll Kevin. Natürlich darf Kevin nicht vernachlässigt werden ...

„Ich hab ja keinen Hunger mehr, aber Kevin hat noch Lust auf einen Nachschlag", heißt es dann gerne mal.

Kevin ist also Sündenbock und Folgeerscheinung zugleich, ist das nicht praktisch?

Einmal waren wir zu viert auf einem Sommerfest, Petra, ich und unsere Männer. Wir hörten der Liveband zu, die echt gut war, tranken Bier und aßen Würstchen.

Dann bekamen die Männer Lust auf ein Eis. Nicht weil es so heiß war oder sie noch Hunger gehabt hätten, sondern ganz einfach deshalb, weil es einen Eisstand gab. Dessen bloßer Anblick genügte, um ihren unbändigen Appetit zu wecken.

„Wollen wir?", fragte Petras Mann.

„Klar, so ein, zwei Bällchen schaffen wir schon", erwiderte der meinige.

Und so zogen sie los. Wir beobachteten aus der Entfernung, was am Gelato-Ständchen vor sich ging, und unsere Augen wurden immer größer – genauso wie die aus Eiskugeln bestehenden Berge auf den beiden Waffeln.

„Seid ihr völlig übergeschnappt? Das sind ja mindestens acht Kugeln", rief Petra entsetzt aus, als sie schließlich mit ihren übergroßen Portionen zurückkehrten.

„Nein, eher zehn bis zwölf", gaben sie zu. „Aber wir können nichts dafür. Ehrlich nicht!"

Nun, vielleicht stimmte das sogar. Denn als die beiden sich nicht auf zwei oder drei Lieblingssorten einigen konnten, hatte der Eismann ihnen einfach alle angeboten, und das auch noch gratis. Quasi als Werbemaßnahme. Wie hätten sie sich dagegen wehren sollen?

„Aber ihr könnt sehr wohl was dafür, wenn ihr Bauchschmerzen bekommt", erwiderte ich. „Wollt ihr das etwa alles essen? Denkt an Kevin!"

Doch meine Warnung verpuffte, wie nicht anders zu erwarten war.

„Aber … es wäre doch schade drum", antwortete mein Mann mit Unschuldsmiene.

Hab ich vorhin gesagt, er sei erwachsen und wisse schon, was er tut? Ich nehme hiermit alles zurück!

Die beiden Kindsköpfe schafften natürlich allerhöchstens die Hälfte. Aber lamentierten hinterher, als hätten sie alles komplett vertilgt!

„Jetzt weiß ich, wie sich Wehen anfühlen", behauptete mein Mann.

Tja, wer hatte das kommen sehen? Und wer musste sich das Gejammer trotzdem anhören?

Andererseits ist das ein geringer Preis für eine wirklich gute Story, mit der Petra und ich unsere Männer bis in alle Ewigkeit aufziehen können!

Oh, ich höre schon, wie sie sich darüber beklagen.

„Datenschutz!", ruft mein Mann. „Es ist überhaupt nicht erlaubt, dass du darüber schreibst."

„Aber dann haben sich wenigstens die fünf Gratiskugeln, die du nicht mehr geschafft hast, noch gelohnt", rechne ich ihm vor. „Immerhin wurde ein Kapitel draus!"

„Warte nur, bis ich eines Tages ein Buch über dich schreibe!", sagt mein Mann und schält eine Mandarine.

„Nur zu", ermuntere ich ihn. „Das würde ich wirklich gern lesen!"

ALS ICH **MEINEM MANN** EINMAL DAS **LEBEN** RETTETE

♥

In den ersten Jahren unserer Ehe lebten wir sehr beschränkt. Unsere Wohnung bestand aus einem zwanzig Quadratmeter kleinen kombinierten Wohn-Arbeits-Ess-Schlafzimmer, einer winzigen Küche und einem noch winzigeren Bad. Wir besaßen im Grunde nur Bücher, unsere Kleidung und einen kleinen Schwarz-Weiß-Fernseher. Auch wenn ein Einbruch wohl ein Kinderspiel gewesen wäre, denn unser Fenster lag in Höhe der Grasnarbe an einer schlecht einsehbaren Seite des Hauses, es passierte nie etwas – bei uns war nun mal nichts zu holen.

Natürlich hatten wir Wünsche! Jede Menge sogar. Doch größere Anschaffungen waren einfach nicht drin. Umso interessanter wurden Preisausschreiben (bei denen wir allerdings niemals Glück hatten) und Werbegeschenke. Solange man noch in Ausbildung und Studium steckt, muss man eben sehen, wo man bleibt.

„Du, da gibt's tolle Sachen, wenn man einen Neukunden wirbt", sagte mein Mann eines Abends. „Und das Beste ist, jeder darf werben, man muss selbst gar kein Mitglied im Buchclub sein."

Ich warf einen flüchtigen Blick auf den Flyer, den er irgendwo aufgegabelt hatte.

„Vergiss es", sagte ich. Ich war bereits einmal auf diese Masche reingefallen. Damals war das Topwerbegeschenk ein Rennrad gewesen. Mein Mann war seinerzeit auf dem Ich-will-sportlicher-werden-Trip gewesen und hatte mir vorgeschwärmt, wie fit er innerhalb kürzester Zeit sein würde, wenn er künftig mit dem Rad zur Arbeit fuhr statt mit dem Bus. Also hatte ich nachgegeben.

Dann war es ihm aber zum Radfahren zu kalt, zu heiß oder zu nass und überhaupt fand er das Ganze in der Stadt viel zu gefährlich, die Autofahrer waren ja dermaßen rücksichtslos ...

Und so schenkte er das nagelneue Rad seinem Neffen, der sich darüber mächtig freute, während ich ein Jahr lang die Clubmitgliedschaft an der Backe hatte. Das würde mir nicht noch einmal passieren, so viel stand fest!

„Aber es gibt eine Fritteuse als Werbegeschenk", sagte mein Mann.

„Pommes sind eh ungesund." Ich war wild entschlossen, hart zu bleiben. Und das würde ein Kinderspiel sein, denn anders als beim Fahrrad zog diesmal das Gesundheitsargument nicht, im Gegenteil.

„Man kann aber auch ganz andere Sachen frittieren. Zum Beispiel Schnitzel."

„Hm." Als ob es bei uns ständig Schnitzel gäbe. Und falls doch, konnte man sie prima in der Bratpfanne zubereiten.

„Und Fischstäbchen", fügte mein Mann hinzu.

„Ich denke nicht, dass sich das lohnt", sagte ich.

Mein Mann änderte seine Strategie. „Aber du liest doch so gern", sagte er.

„Klar, aber ich lebe in einer Universitätsstadt. Hier gibt es mehr Buchhandlungen als Frittenbuden, die Bibliotheken nicht zu vergessen. Ich brauche keinen Club, der mich alle Vierteljahre zu einem Kauf zwingt. Das ist ein Konzept, das vielleicht vor fünfzig Jahren auf dem Land funktioniert hat, aber doch nicht mehr heute!"

„Und Musik haben sie auch. Du liebst doch Musik!"

Ja, das stimmte wohl. Aber ich besaß ohnehin schon mehr Schallplatten, als ich hören konnte. Auch dieses Argument zog nicht.

Aber so schnell gab mein Mann nicht auf. Er ließ das Thema lediglich ein bisschen gären. In seinem und meinem Hinterkopf.

„Du hast doch immer so gern die Champignons mit Sesamsauce gegessen, die es in dem Lokal gab, in dem wir uns kennengelernt haben", sagte er ein paar Tage später.

„Ja, das stimmt. Die waren superlecker. Könntest du die für uns mal wieder machen?" Ich war sofort Feuer und Flamme.

„Würde ich ja", beteuerte er. „Liebend gern sogar, aber ohne Fritteuse …"

Ah, daher wehte der Wind!

„Kann man die nicht im Backofen zubereiten?"

„Könnte man. Aber dann werden sie nicht so knusprig."

Hm. Schade. Ich mochte dieses Gericht wirklich sehr. Aber nur wegen der Champignons …

„Und frittierte Auberginenscheiben könnte ich dir mit so einem Gerät auch machen. So oft du willst!"

Nun, das war natürlich ein echter Liebesbeweis. Denn mein Mann verträgt gar keine Auberginen – ich dagegen bin ganz verrückt danach.

Ich geriet ins Schwanken. Tatsache war, ich kam zwischen Studium und Nebenjob so gut wie nie in die Stadt. Die

Buchhandlung auf dem Unigelände hatte sich auf Fachliteratur spezialisiert, ebenso die Bibliothek. Wenn ich zur Entspannung mal einen Krimi lesen wollte, musste ich ihn auf anderem Weg besorgen. Und da war eine Clubmitgliedschaft an sich gar nicht so verkehrt.

„Und dann die Falafel ... weißt du noch? Ich hätte mal wieder Lust darauf. Du nicht?"

Oh, doch! Ich auch.

„Lass mich raten – dafür brauchst du auch eine Fritteuse", seufzte ich ergeben.

„Tja, eigentlich schon. Aber du willst ja nicht ..."

„Na gut. Du kannst also nicht mehr leben ohne Fritteuse?"

Er überlegte kurz. „Nein, kann ich nicht."

Ich musste lachen. „Das heißt, ich würde dir das Leben retten, wenn ich nachgebe."

Er nickte. „Auf jeden Fall. Irgendwie schon."

„Na gut", sagte ich. „Ich bin überzeugt. Wo muss ich unterschreiben?"

Und so wurde ich ein zweites Mal Mitglied im Buchclub. Mein Mann bekam sein Werbegeschenk, über das er sich riesig freute, und stellte es zu den anderen Küchengeräten in den Schrank.

„Wann gibt es denn mal die versprochenen Champignons? Und die Falafel? Und die Auberginenscheiben?", fragte ich nach einer Weile.

„Hm. Mal sehen", sagte er.

„Haben wir nicht neulich erst Gemüse gekauft? Wir müssten alles im Haus haben, was man dazu braucht."

„Aber wir haben kein Frittierfett", wandte mein Mann ein.

Doch beim nächsten Einkauf vergaß er es wieder. Beim übernächsten ebenso.

„Was ist denn nun mit der Fritteuse? Wir sollten sie bald mal einweihen", erinnerte ich irgendwann.

„Ach, weißt du, nur für uns beide rentiert sich das kaum. Das Fett muss ja anschließend auch entsorgt werden. Vielleicht, wenn wir mal Besuch kriegen."

Aber – du ahnst es sicher schon – auch als wir Gäste hatten, wurden sie anderweitig beköstigt.

Die Fritteuse stand originalverpackt in unserem Schrank herum, bis die meiner Schwägerin kaputtging.

„Weißt du was? Du kannst unsere haben", bot mein Mann seiner Schwester großzügig an. „Wir benutzen sie ja sowieso nie."

Ich hätte es wissen müssen!

Inzwischen sind wir seit über dreißig Jahren verheiratet, und in all der Zeit wurde bei uns niemals irgendwas frittiert.

Allerdings zog ich meinen Mann in regelmäßigen Abständen (ungefähr immer dann, wenn ich Lust auf Champignons oder Falafel bekam) mit dieser Geschichte auf. Ich fand, er sollte wenigstens ein schlechtes Gewissen deswegen haben.

Doch weit gefehlt, im Gegenteil.

„Du kannst froh sein, dass ich die Fritteuse nie benutzt habe", erklärte mein Mann mit Unschuldsmiene. „Zu fettes Essen liegt dir doch ohnehin schwer im Magen."

Wo er recht hat …

ABER **DU** MUSST DOCH WISSEN, WAS **ES WERDEN** SOLL!

♥

Ich würde nie behaupten, dass ich kochen kann. Wenn ich tatsächlich mal zu Messer, Pfanne und Kochlöffel greife, dann *mache ich Essen*. Das ist ein Unterschied. Ein gewaltiger!

Meine Ambitionen, es richtig zu lernen, halten sich in Grenzen, denn mein Mann ist Profikoch. Was er am Herd zaubert, ist immer zu viel und immer absolut lecker. Das kann ich sowieso nie toppen, so viel war mir schon klar, als wir uns kennenlernten. Wohlgemerkt in einem Restaurant, in dem er köstliche arabische Spezialitäten kreierte, während ich sie mehr oder weniger geschickt servierte.

Tatsächlich tischte ich einem verdutzten Paar einmal einen Lammeintopf mit dem Kommentar „Das arme, kleine Lämmchen" auf. Kaum hatte ich das ausgesprochen, wurde mir klar, wie ungeschickt meine Wortwahl gewesen war. Das hörte sich ja an, als würde ich die Gäste für ihre Bestellung kritisieren! Daher schob ich schnell ein „Na ja, so jung wird es vielleicht nicht mehr gewesen sein" hinterher, was das Ganze natürlich noch schlimmer machte – als wollte ich andeuten, hier würde minderwertiges Essen serviert und statt aus zartem Lamm bestünde der Eintopf aus zähem Hammel. Ich wünschte den ziemlich entgeisterten Gästen rasch einen guten Appetit und verzog mich …

Nun ja, von den Zwischenfällen, bei denen ich Gäste mit umstürzenden Weizenbiergläsern zu einer eher äußerlichen Erfrischung verhalf oder bei denen ich das Besteck in ihre Apfelsaftschorlen plumpsen ließ, sodass der Glasboden weggesprengt wurde und sich die ganze klebrige Brühe über ihre Hosen ergoss, will ich gar nicht erst sprechen …

Meine Karriere als Aushilfskellnerin war nicht besonders ruhmreich, aber ohne diese Episode hätte ich meinen Mann vermutlich nie kennengelernt, also wird sie mir trotz aller peinlichen Schnitzer immer in romantischer Erinnerung bleiben.

Jedenfalls war bei uns die Rollenverteilung ziemlich schnell klar: Mein Platz ist der am Schreibtisch, der meines Mannes am Herd.

Hin und wieder tut er so, als würden wir gemeinsam kochen. Zum Beispiel an Silvester, wenn er für uns beide ein mehrgängiges Menü zubereitet. Dann benutzt er immer die Wirform, auch wenn ich nicht viel mehr dazu beitrage, als hin und wieder etwas zu halten oder anzureichen.

Selbst zum Gemüseschälen oder -schneiden werde ich nur selten eingeteilt, denn mein Mann ist darin einfach tausendmal fixer und geschickter. Schneller, als man gucken kann, hantiert er mit dem superscharfen Messer und verwandelt Gurken, Karotten & Co. in verblüffend gleichmäßige Streifen.

Mir bleibt da nichts weiter übrig, als ihm bewundernd zuzuschauen und nebenbei den Tisch zu decken. Oder die Schüssel mit der Sahne auszulecken. Oder schon mal den Wein aufzumachen …

Mein Mann ist sogar so rücksichtsvoll, mich hin und wieder für meinen Einsatz zu loben. Ungefähr so: „Das hast du richtig toll umgerührt."

Ich nenne das „Anti-Aging-Komplimente", denn ich fühle mich sofort fünfzig Jahre jünger. Für meine Umrührkünste wurde ich nämlich zuletzt im Vorschulalter gerühmt.

Wenn ich flott genug bin, schaffe ich es, mich wenigstens als Spülkraft nützlich zu machen. Doch das gelingt nur selten, denn mein Mann sagt so lange „Lass nur, das brauche ich später noch", bis ich weit genug weg bin. Dann schnappt er sich die schmutzigen Schüsseln, Messer und Töpfe und wäscht sie schnell selbst ab.

„Aber das hätte ich doch tun können", versuche ich ihn dann zu stoppen, jedoch ohne Erfolg.

„Bin schon fertig!", erwidert er. „Willst du mal die Suppe probieren?"

Oh ja, will ich! Im Probieren bin ich richtig super!

Natürlich habe ich mir über die Jahre hinweg doch einiges von meinem Mann abgeschaut. Ich würde zwar nie wagen, einen Braten zu fabrizieren oder gar Pralinen, aber eine Gemüsepfanne krieg ich hin. Sogar mit gedünstetem Lachs!

Dann ist er ganz stolz auf mich, und ich fühle mich nicht mehr, als wäre ich fünf Jahre alt, sondern mindestens wie fünfzehn.

Was meinen Mann aber jedes Mal aufs Neue aus dem Konzept bringt, ist meine Vorgehensweise. Während er sich vorher überlegt, was er kochen will, und dementsprechend die Zutaten bereitstellt, hole ich einfach das aus dem Kühlschrank, was mich anlacht. Und dann lege ich los. Ohne Rezept oder wenigstens einen Plan.

„Was kochst du Feines?", muss er dann fragen. Er kann nicht anders.

„Ich weiß noch nicht", sage ich. Wahrheitsgemäß.

„Aber du musst doch wissen, was es werden soll!"

„Muss ich gar nicht."

„Wird das ein Salat oder ein Eintopf?", rät er drauflos.

„Ja, vielleicht", antworte ich.

„Was denn jetzt: Salat oder Eintopf?"

„Keine Ahnung. Vielleicht ja auch ein Auflauf. Je nachdem."

„Je nach *was*?"

Spätestens diese Frage bringt mich dann in ziemliche Erklärungsnot. Denn es gibt darauf keine echte Antwort. Außer dieser: Ich entscheide das spontan. Kommt eben drauf an, wie es wird. Ist mein Werk für eine Suppe zu fest, dann kommt das Ganze eben in den Ofen und wird mit Käse überbacken. Und misslingt der Salat, haue ich ihn mitsamt einem Apfel in den Mixer und mache einen Smoothie draus.

„Lass dich einfach überraschen", wiegele ich die Fragen meines Mannes ab. „Du machst mich ganz nervös damit. Dann bist du dran schuld, wenn es nachher nicht schmeckt."

Dieses Argument überzeugt ihn und er verzieht sich.

Auf diese Weise fällt ihm nicht auf, wie stümperhaft ich zu Werke gehe. Aber immerhin bin ich kreativ!

Einmal wollte ich schwedische Haferkekse backen, die ich sehr liebe, doch als ich sie vom Blech nehmen wollte, zerfielen sie in lauter Brösel.

Leckere Brösel, wohlgemerkt! Es wäre wirklich furchtbar schade darum gewesen.

Zum Glück bekam mein Mann nichts davon mit. Sonst hätte er mich bestimmt mit tausend Erklärungen überhäuft, was ich falsch gemacht hatte.

Doch was hätte das gebracht? Genau: gar nichts. Einmal Brösel, immer Brösel. *Oder auch nicht* ...

Schnell durchforstete ich Kühlschrank und Vorratsregal. Wir hatten Joghurt, wir hatten Sahne, wir hatten Gelatine – und wir hatten eine Springform.

Was wir eine Stunde später ebenfalls hatten, war eine schmackhafte Torte.

„Die ist ja super! Woher hast du das Rezept?", wollte mein Mann wissen.

„Aus der Lamäng", sagte ich, „der größten Rezeptesammlung der Welt."

AUS DER LAMÄNG – PFÄLZISCH FÜR ANFÄNGER

Wie viele andere pfälzische Ausdrücke stammt auch dieser aus dem Französischen. Ursprünglich kommt er von *la main*, was „die Hand" bedeutet. Was man aus der Lamäng macht, schüttelt man quasi aus dem Ärmel, ohne vorher groß darüber nachzudenken. Hast du auch schon mal aus der Lamäng eine Torte erfunden?

EIN MANN, **EIN GRILL**

♥

Glaubt man den einschlägigen Vorurteilen, die es über unsere Steinzeit-Vorfahren gibt, waren damals die Rollen folgendermaßen verteilt: Die mutigen Männer gingen auf die Jagd, während ihre Frauen Höhle und Brut hüteten und allerhöchstens hin und wieder ein paar Beeren sammelten. Kehrten die wilden Kerle mit dem erlegten Mammut zurück, wurde ein Feuer entzündet und ...

Tja, wer bereitete dann das Fleisch zu? Hier wird das Bild ein bisschen nebulös. Denn angeblich war doch das Weibsvolk für die Mahlzeiten zuständig. Aber warum liegt dann das Grillen dem Mann von heute noch so sehr am Herzen? Schließlich erinnert es doch an die gute alte Zeit, in der Männer noch echte Machos sein durften ... oder?

Tatsache ist, für mich ist der Grill nicht viel aufregender als ein Staubsauger oder – um beim Thema zu bleiben – ein Cerankochfeld. Er bietet einfach nur eine von vielen Möglichkeiten, um Essen zu garen. Grundsätzlich kann man es kochen, dünsten, schmoren, überbacken, ja sogar frittieren (wenn man die Fritteuse, die man im Schrank stehen hat, auch benutzt), man kann dämpfen und blanchieren, gratinieren, rösten, sautieren, sieden, braten, pochieren ... oder eben grillen. Eine Variante von vielen, die hauptsächlich bei schönem Wetter infrage kommt, idealerweise außerhalb der Wespenhochsaison.

Bei der Frage, welche Art Grill die beste ist, bin ich mindestens so leidenschaftslos wie bei der Entscheidung zwischen klassischem Bodenstaubsauger oder Handstaubsauger, mit oder ohne Akku, mit oder ohne Beutel – oder darf's vielleicht ein Staubsaugerroboter sein? Mir ist das, ehrlich gesagt, ziemlich schnuppe, Hauptsache, er macht sauber.

Und – zurück zum Grill – Hauptsache, es gibt was Feines zu futtern.

Mir ist schon klar, dass das ein extrem unmännlicher Standpunkt ist. Vermutlich bin ich bei kaum einem Thema so weit vom Wesen des Mannes entfernt wie bei diesem, einschließlich Fußball, Luft- und Raumfahrt sowie Angelsport (wobei – über Letzteres ließe sich streiten).

Ich weiß das spätestens, seit ich meinen Bruder einmal beim Grillen ohne Grillgut beobachtet habe, was ich auf den ersten Blick für reichlich absurd hielt. Er hatte in der gemauerten Feuerstelle ein paar Holzstücke angezündet und saß da, eine Stubbiflasche Kirner Pils in der Hand, die Füße auf dem Mäuerchen, und starrte entspannt in die Flammen. Einfach wegen der Stimmung.

Da begriff ich: Beim Grillen geht es den Männern gar nicht ausschließlich um die Zubereitung irgendwelcher Nahrungsmittel – mindestens ebenso wichtig ist das Drumherum. (Und natürlich die Beherrschung des Feuers! Schließlich unterscheidet sie den Urmenschen vom Tier. Ugga-Agga-Ugga.)

Deshalb kommt für viele nur ein Holzkohlegrill infrage. Einer, an dem es glüht und kokelt und einem die Rauchschwaden regelrecht den Atem rauben.

Selbst ein Kugelgrill stellt für so manchen Grillmeister einen Kompromiss dar, denn schließlich muss man das Feuer sehen! Und das geht nur an einer offenen Grillstelle, am besten mit Dreibein-Schwenkgrill.

Im Saarland gilt diese Variante übrigens als einzig akzeptable, und will man einen Mann dort ernsthaft beleidigen, dann muss man nur sagen: „Dau hasch dei Schwenker jo kaaf", was so viel heißt wie: „Du hast deinen Schwenkgrill ja gekauft", also nicht selbst zusammengeschweißt, wie sich das für einen wahren Mann gehört.

Mein Mann ist zu sehr Koch und zu wenig Macho, um sich von Fragen der Urtümlichkeit oder Männlichkeit beirren zu lassen. Wenn es darum geht, sich für einen Grill zu entscheiden, dann nimmt er … gleich mehrere.

Ja, du hast richtig gelesen. Und ich gebe zu, die Überschrift „Ein Mann, ein Grill" ist bewusst irreführend, denn wir haben so allerhand Grills. (Um diesen Satz schreiben zu können, musste ich übrigens eigens im Duden nachschlagen, wie die korrekte Mehrzahl lautet. Tatsächlich: Grills!)

Zunächst gibt es da den Elektrogrill. Ich weiß, für viele Herren der Schöpfung ein Unding, für meinen Liebsten aber unverzichtbare Basisausstattung. Wir besitzen einen für draußen und einen Kontaktgrill, den man auch in geschlossenen Räumen benutzen kann. Schließlich ist nicht immer, wenn man Lust auf Gegrilltes hat, auch herrliches Grillwetter. Eigentlich haben wir sogar zwei dieser Kontaktgrills, der neue verfügt sogar über mehrere automatische Grillprogramme inklusive Anpassung der Grilltemperatur und -zyklen an Dicke und Art des Grillguts. Ist das Steak, der Burger oder das Würstchen fertig, blinkt und piept er.

Das Ganze ist also aus kulinarischer Sicht eine feine Sache – doch spricht es den Steinzeitmenschen in uns an? Nicht wirklich. Nicht einmal das typische Ums-Feuer-Herumstehen-mit-Bierflasche-in-der-Hand lässt sich mit einem Kontaktgrill anständig zelebrieren. Dazu ist er einfach zu klein und bietet zu wenig Lagerfeuerfeeling.

Unsere nächste Anschaffung war also ein Gasgrill. Aus Macho-Perspektive ebenfalls ein fauler Kompromiss, da er kein richtiges offenes Feuer bietet, doch aus Sicht des Küchenchefs eine erstklassige Investition. Sauber und praktisch zugleich. Damit lässt sich super die Temperatur regulieren – und schnell geht es auch. Einfach anschalten und loslegen.

Diesmal musste es übrigens ein amerikanisches Riesengerät sein – etwas, was sich eher als Outdoorküche denn als Grill beschreiben lässt. Es ist ein Wunder, dass dieses Ding jemals in unser Auto gepasst hat – und das auch nur, weil wir damals einen Kastenwagen fuhren und die Rückbank umgeklappt hatten. (Auf diese Weise hatte ich schon bei so manchem Umzug geholfen und mehrere Bücherkisten, Matratzen und Kleinmöbel pro Fuhre geladen. Nur um die Dimensionen unseres Gasgrills zu verdeutlichen.)

Eigentlich hätten wir also keinen weiteren Grill gebraucht. Aber so praktisch und funktionell so ein gasbetriebenes Edelstahl-Barbecue-Gerät auch sein mag, es weckt nun mal keine Urinstinkte!

Deshalb musste zur Abrundung unserer Grill-Flotte noch ein Holzkohlegerät angeschafft werden.

Ich persönlich sehe den Vorteil nicht. Es dauert ewig, bis man das Grillgut auf den Rost legen kann, und vorher qualmt es so erbärmlich, dass man hinterher riecht wie ein Firefighter nach dem Einsatz ... Und wenn es plötzlich anfängt zu regnen, ist alles dahin. Wirklich unpraktisch, findest du nicht?

Mein Mann aber liebt diesen Holzkohlegrill über alles und überlegt sogar, im Garten eine gemauerte Feuerstelle anzulegen – natürlich mit Schwenker.

Wenigstens beschränkt er sich beim Grillgut nicht auf Steaks und Würstchen, sondern legt auch gern mal Feta oder Fisch auf, nicht zu vergessen Maiskolben, Zucchinistreifen, Tomaten, Paprika, Auberginen und sogar Spargel. (Musst du mal probieren, schmeckt köstlich!)

Das klassische Angrillen im Frühjahr findet bei uns übrigens nicht statt, ebenso wie das Abgrillen im Herbst, denn eine echte Pause gibt es gar nicht. Einmal haben wir sogar an Silvester gegrillt. Dann mit Glühbier statt kühlem Pils. Und Rosenkohlspießen statt Spargel ...

Das Schöne am Grillen ist außerdem, dass es selbst unkommunikativen Männern Stoff für schier endlose Gespräche liefert. Stundenlang können sie über Vor- und Nachteile der jeweiligen Methode diskutieren, ihre Lieblingsrezepte austauschen und ihre Grillphilosophie kundtun.

Denn ja, so etwas gibt es. Nicht zufällig stammt das Wort Barbecue von „barbacoa" ab, einem spanisch-mexikanischen Wort mit indigenem Ursprung, das so viel bedeutet wie „Heilige Feuerstelle".

Vielleicht bedeutet es auch nur „Lattengerüst über einem Feuer zum Braten von Fleisch", aber wer wird schon so kleinlich sein? Etwas, das aus einem wortkargen Kerl einen interessanten Gesprächspartner macht, muss irgendwie heilig sein.

Gerade neulich erlebte ich eine solche Verwandlung bei Martin, dem Ehemann meiner Freundin Jette, einem notorischen Schweiger. Einmal haben die beiden mit dem Wohnmobil die Wüste von Nevada durchquert und auf der mehrere Hundert Kilometer langen Strecke kein Wort gewechselt. Zwar hat Jette immer mal wieder Gesprächsversuche gestartet, doch ihr Martin war einfach so fasziniert von der Eintönigkeit der Landschaft, dass er nichts weiter tun konnte als sie begeistert zu betrachten. Vermutlich hat er nicht einmal bemerkt, dass seine Frau etwas gesagt hatte.

Genau dieser Martin saß nun neben mir am Tisch, an dem Jette und ich unseren Kaffee tranken, und las eine Bedienungsanleitung.

Was mich ja schon hätte stutzig machen müssen. Ich meine – welcher Mann liest eine Gebrauchsanweisung? Die musste wohl zu einem hochkomplexen Gerät gehören, denn wenn es sich um etwas so Simples wie ein IKEA-Regal, ein Motorrad oder einen Computer handelt, kommen Kerle ja locker ohne aus. Da wirft man nur einen kritischen Blick drauf und erfasst intuitiv, was zu tun ist.

„Ich hab mir einen neuen Grill gekauft", erklärte Martin von sich aus. Ich schwöre, ich habe ihn nicht danach gefragt! (Jette ist fast vom Hocker gefallen vor Schreck.)

Bevor ich fragen konnte, wozu in aller Welt ausgerechnet ein leidenschaftlicher Griller wie er – der zudem als gelernter Metzger auch ein wahrer Profi in Sachen Grillgut ist – eine Anleitung braucht, beantwortete er auch diese ungestellte Frage.

„Ein Grill mit WLAN. Ich muss nur noch herausfinden, wie ich ihn mit meinem Handy connecte."

Nun war ich diejenige, die fast vom Hocker kippte. Ein Grill mit WLAN, was es nicht alles gibt!

„Und damit kannst du dann ... beim Grillen Musik abspielen?", riet ich drauflos und erstellte im Geiste bereits eine Barbecue-Playlist. *Ring of Fire* von Johnny Cash dürfte darauf nicht fehlen, genau wie *The Heat is On* von Agnetha und *Another Piece of Meat* von den Scorpions. Mir erschien das mit der Musik die einzig denkbare Erklärung zu sein. Doch sie war grottenfalsch, wie ich sogleich erfuhr.

Hättest du gewusst, dass man einen WLAN-Grill braucht, um Pulled Pork über vierundzwanzig Stunden garen lassen zu können, ohne dass man sich in der Nähe des Geräts befindet? Über eine App hat man jederzeit Zugriff auf wichtige Daten wie die Kerntemperatur und kann online die Zufuhr von Pellets – der neueste heiße Scheiß in Sachen Befeuerung – dosieren.

Ich wette, jedem durchschnittlichen Neandertaler würde der Mund offenstehen vor Staunen, wenn er davon erführe!

Mein Mann dagegen war relativ unbeeindruckt, als ich ihm davon erzählte. Er mag nämlich überhaupt kein Pulled Pork.

Puh, noch mal Schwein gehabt!

VON WEGEN BARBECUE

Woher das Wort Barbecue stammt, habe ich schon erklärt. Doch auch in Sachen Rechtschreibung ist der Begriff interessant. Denn obwohl man ihn oft „BBQ" abkürzt, ist die Schreibweise „Barbeque", die man immer mal wieder sieht, schlichtweg falsch. Ich gebe es zu – es ist ein Tick von mir, Speisekarten nach Fehlern zu durchsuchen, und wenn ich irgendwo ein „Baquette" (statt Baguette) oder ein „Toast Hawai" (statt Hawaii) entdecke, freue ich mich wie ein kleines Kind.

Übrigens habe ich auch schon meinen Mann damit infiziert. Sein schönster Fehlerfund bislang: Schilly con Carne.

TEST: WELCHES MÄNNERSPIELZEUG PASST ZU IHM?

Es gibt Produkte, die werden vermutlich ausschließlich für Männer hergestellt. Nicht weil sie so kompliziert anzuwenden wären (pah!), sondern weil sie keinen weiteren Zweck erfüllen, als dass Männer sie haben wollen.

Doch Männerspielzeug (sie selbst nennen es lieber „Gadgets", das klingt schicker) ist nicht gleich Männerspielzeug! Wofür dein Liebster sich begeistern kann, verrät so einiges über seine Vorlieben ...

Er hat Geburtstag. Worüber würde er sich wohl am meisten freuen?

A: Edles Craftbier mit personalisierten Etiketten

B: Kabeltrommel mit Kabel in Bockwurst-Optik

C: Schreibtischlampe im Bagger-Design

D: Cocktail-Workshop

Die Beförderung muss gefeiert werden! Du hast auch schon ein unvergessliches Geschenk in petto ...

A: Hochwertiges Werkzeug mit Namensgravur

B: Golfset für die Toilette

C: Retro-Spielekonsole mit Original-Games von früher

D: Mini-Kühlschrank mit USB-Anschluss

Euer Jahrestag steht an. Und er soll total begeistert sein! Womit schaffst du das?

A: Barbecue-Branding-Set – sein Name auf dem Steak

B: Jedi-Lichtschwert mit Sound

C: Survival-Training-Wochenende

D: Chili-Samen-Set von mild bis höllisch

Alle Jahre wieder ... lautet die Frage: Was bringt das Christkind deinem Liebsten?

A: Steingut-Bierkrug mit Fotoaufdruck

B: Riesenrad als Holz-Bausatz

C: Racing-Tag auf dem Nürburgring

D: Riesige Pfeffermühle

Zum Valentinstag soll es etwas Spezielles sein, was so richtig gut zu ihm passt ...

A: Nostalgie-Sonnenuhr im Taschenformat

B: Wasserbomben-Schleuder-Set

C: Hubschrauber-Rundflug

D: Pizzaschneider in Kreissägenform

➡ Du hast dich überwiegend für A entschieden:

Ein wahrer Individualist! Komplexe sind ein Fremdwort für ihn. Er ist stolz auf das, was er kann und erreicht hat. Und auf dich! Wie wäre es mit einem Pärchen-Tattoo?

➡ Im Durchschnitt passt B am besten zu ihm:

Eins ist sicher: Dein Liebster hat Humor. Und in ihm steckt noch immer das Spielkind, das er einmal war. Das macht ihn ja gerade so liebenswert!

➡ Er ist ein echter C-Typ:

Ihn lockt das Abenteuer, auch wenn er im Alltag hinterm Schreibtisch sitzt. Ein bisschen verrückt, ein bisschen verspielt – ein Kerl, den man einfach lieben muss!

➡ D ist so richtig nach seinem Gusto:

Er ist ein Genießer, doch sein erlesener Geschmack ist alles andere als 08/15. Das sieht man ja an dir! Glückwunsch, da ist Schenken ein Kinderspiel ...

TEIL 3

SEINE HÖHLE IST SEIN CASTLE!

DIE SACHE MIT
DEM **GARTENHÄUSCHEN**

♥

„Du, Schatz, ich hab eine super Idee", sagte mein Mann und starrte verträumt durch die Terrassentür.

„Hm?", machte ich alarmiert, denn Ideen meines Mannes können alles sein zwischen genial und katastrophal. Jedenfalls aus meiner Sicht. Aus seiner sind sie allesamt großartig, nur bin ich nicht in der Lage, das zu erkennen.

„Ich glaube, ich frage unsere Nachbarin, ob sie uns ihre Wiese verkauft", fuhr er fort.

Das Grundstück unserer Nachbarin zur Rechten war ungewöhnlich tief und teilweise auch sehr breit, sodass es das unsere L-förmig umrahmte. Wo unser ziemlich steiler Hang mit einem Zaun endete, schloss sich die Nachbarwiese an, die seit einigen Jahren ziemlich verwildert war. Sträucher, Bäume, Gräser, das alles wuchs der Nachbarin im wahrsten Sinne des Wortes über den Kopf, und so ließ sie der Natur eben freien Lauf. Nur einmal im Jahr wurde ein Gartenbauunternehmen engagiert, das radikal zurückschnitt, was immer da wucherte.

Und dieses verwahrloste Stück Land wollte mein Mann nun also käuflich erwerben? Ich musste mich wohl verhört haben.

„Aber wozu denn? Was willst du damit anfangen? Und wie überhaupt dorthin kommen?", stellte ich drei Fragen auf einmal. Mein Mann beantwortete immerhin eine davon:

„Erst mal reiße ich den Grenzzaun ab. Entweder ich baue dann von unserer Terrasse aus eine Hängebrücke nach drüben oder ich verlängere einfach unsere Treppe, die zum Pavillon führt."

Nun war ich ernsthaft beunruhigt. Schlimm genug, dass seine Überlegungen schon so konkret waren – sie waren auch noch konkret verrückt! Eine Hängebrücke ... Also ehrlich.

Ich beschloss, diesen wackeligen Argumentationspfad zu verlassen und lieber nach dem Sinn und Zweck zu fragen. „Unser Grundstück macht doch eh schon genug Arbeit", sagte ich, „warum willst du dir noch mehr aufhalsen?"

„Weil es toll wird!", strahlte er. „Ich werde mir dort oben ein kleines Gartenhäuschen hinbauen mit allem Pipapo. Natürlich mit Solar auf dem Dach, damit ich auch Strom habe."

„Strom wofür?", fragte ich misstrauisch.

„Na, für den Fernseher. Und den Kühlschrank!"

„Aber du hast doch hier einen Fernseher und einen Kühlschrank, gerade mal zwanzig Meter von dem imaginären Gartenhäuschen entfernt!"

„Aber ich will dort gemütlich in dem Häuschen sitzen und Fußball gucken und dabei Bier trinken", verriet mir mein Mann nun seine allergeheimsten Träume. „Und während ich das tue, kann ich von der Wiese aus auf unser Haus sehen. Ist das nicht herrlich?"

Nein, das fand ich ganz und gar nicht. Vielmehr ausgesprochen dämlich!

„Du willst also Tausende von Euro für eine heruntergekommene Wiese bezahlen, um darauf für noch mehr Geld eine Hütte nebst Solardach, Kühlschrank und Fernseher zu bauen, nur um dort Fußball zu gucken, Bier zu trinken und dabei hier rüberschauen zu können?", wiederholte ich gedehnt. Irgendwie glaubte ich wohl, wenn ich das Ganze nur langsam und deutlich genug aussprach, dann würde meinem Mann die Absurdität seines Vorhabens bewusst. Doch mitnichten.

„Ganz genau", bestätigte er glücklich.

„Aber dir ist schon klar, dass du auch hier auf unserer Terrasse Fußball gucken, Bier trinken und rüber auf die Wiese gucken kannst, und das vollkommen gratis!", schubste ich ihn auf das Offensichtliche.

Empört stemmte er seine Fäuste in die Hüften. „Du verstehst das nicht!", rief er kopfschüttelnd. „Das ist doch etwas vollkommen anderes."

Ja, nee, schon klar. Man kann auf unserer Seite sitzen und kostenlos rüberschauen – oder für teuer Geld drüben sitzen und zu uns rüberwinken.

Mir kam ein Verdacht. „Du willst mich doch veräppeln, oder? Das ist gar nicht dein Ernst!"

So musste es sein. Manchmal machte es meinem Mann einfach Spaß, mich aus dem Konzept zu bringen. Darüber amüsiert er sich dann königlich.

„Du hast ja keine Ahnung!", widersprach er energisch. „Ich werde die Nachbarin nach dem Preis fragen."

Ich hatte Glück. Die Nachbarin wollte nicht verkaufen. Sie brauchte die verwilderte Wiese als Auslauf für ihre Katzen. Sehr gut! Wir waren noch mal mit einem blauen Auge davongekommen …

Mein Mann sah das naturgemäß etwas anders. Noch Monate später trauerte er seinem Gartenhäuschen hinterher. Immer wieder sprach er davon, bevorzugt, wenn wir Besuch hatten.

Dabei stieß ich auf ein merkwürdiges Phänomen, was die Reaktionen betraf: Ausnahmslos alle Frauen aus unserem Bekanntenkreis verhielten sich exakt so wie ich. Stellten die Frage nach Sinn und Zweck, argumentierten logisch, erklärten das ganze Projekt schließlich für unsinnig. Alle Männer jedoch bekamen leuchtende Augen und seufzten wohlig, sobald mein Mann von dem Kühlschrank und dem Fernseher sprach. Sie ließen das Argument, man könne doch ebenso gut von hier nach dort schauen, einfach nicht gelten. „Aber das ist doch was vollkommen anderes!", behaupteten sie störrisch.

Irgendwann wurde mir klar, dass es das wohl auch war. Für die Herren der Schöpfung jedenfalls. Und so langsam dämmerte mir, da steckte mehr dahinter als nur ein crazy Hirngespinst meines Liebsten. Wenn nicht nur er von seiner abstrusen Idee fasziniert war, sondern auch so ziemlich jeder andere Mann, der davon hörte, dann war das wohl mehr als ein Zufall!

Als ich mich mit einer Freundin darüber unterhielt, fiel endlich der Groschen. „Ein klarer Fall von Man Cave", erklärte sie. „Männer brauchen ihre Höhle, ihren heiligen Privatraum, an dem sie ihr Mannsein zelebrieren können."

So eine Männerhöhle muss übrigens nicht schön sein, im Gegenteil, je hässlicher (und unfemininer) sie ist, desto geringer die Wahrscheinlichkeit, dass sich hier je eine Frau blicken lässt.

Vor der Ehe ist es ganz einfach die Junggesellenbude, doch verheiratete Kerle müssen sich andere Lösungen suchen. Und sei es nur die Garage, der Hobbyraum im Keller, in dem sie ihre Modelleisenbahn aufstellen können, das private (und schallgeschützte) Musikzimmer auf dem Dachboden – oder eben das Gartenhäuschen auf dem Nachbargrundstück, das symbolisch für die vom Mann gezähmte Wildnis steht. Also ein Ort, an dem es weder Kronleuchter gibt noch irgendwelche Dekoartikel und schon gar keine türkisfarben gestrichenen Wände!

Wir kennen das alles aus einschlägigen Sitcoms. Für Doug Heffernan aus *King of Queens* ist es die Garage, in der er mit seinen Kumpels abhängt und Football schaut, für Al Bundy aus *Eine schrecklich nette Familie* ist es bloß die Toilette, auf die er sich gerne und ausgiebig verschanzt.

Was in früheren Epochen der Gentlemen's Club war oder das Rauchzimmer, in das sich die Herren nach dem Essen zurückzogen, um ungestört Männergespräche führen zu können, ist heutzutage eben die Kellerbar, der Abstellraum mit der Hantelbank oder die Kommandozentrale im Medienraum, wo der Herr des Hauses an der Spielkonsole das Universum rettet. Ein Rückzugsort, an dem er in Ruhe auf die Dartscheibe zielen, seinen Pin-up-Kalender aufhängen und seinen Laubsägearbeiten frönen kann. Oder was immer er am liebsten tut, wenn frau ihn nicht stört.

Okay. Man kann sich darüber lustig machen. Oder eben akzeptieren, dass es dieses Bedürfnis ganz offensichtlich gibt. Mir persönlich würde mein Büro übrigens auch sehr fehlen, wobei das nicht so ganz zählt, denn schließlich ist das mein Arbeitsbereich. Aber dann habe ich ja noch den Raum, in dem alle meine Bücher stehen. Und mein eigenes Bad …

Vielleicht ist das Ganze überhaupt keine Frage des Geschlechts, sondern ein ganz individuelles Bedürfnis, das wir alle haben. Ob Wohngemeinschaft, Großfamilie oder Ehe, jeder von uns ist mehr als nur ein Teil der Gruppe oder eines Paares. Wir brauchen die Möglichkeit, hin und wieder ganz für uns zu sein. Ungestört. Egal zu welchem Zweck. Damit wir das anschließende Zusammensein wieder mehr genießen können.

Wie gut, dass unser Haus sowohl über eine Garage (vollgestellt) als auch über einen Speicher (noch vollgestellter) und einen Keller (winzig und zum Glück nicht mehr vollgestellt) verfügt, außerdem über einen Lagerraum, der nur vom Hof aus zugänglich ist, und einen kombinierten Heizungs-, Wasch- und Abstellraum, der nach seinem ursprünglichen Zweck noch immer „Opas Werkstatt" genannt wird. Dort hatte er seine Werkbank mit Kreissäge und Schraubstock und außerdem ein selbst gebautes Regal, in dem Schrauben, Muttern, Nägel und sonstiges Zubehör aller Art fein säuberlich in leeren Zigarrenkisten aufbewahrt wurden. Und um diese leeren Kisten zu bekommen, mussten all die vielen Zigarren zuvor natürlich fleißig geraucht werden …

Erst jetzt wird mir klar, dass die Werkstatt nichts anderes war als Opas Man Cave. Meine Oma betrat sie nur, um ihn zum Essen zu rufen. Das funktionierte wunderbar – vierundfünfzig glückliche Ehejahre lang.

Übrigens: Mein Mann hat inzwischen sein Gartenhäuschen. Auf unserem eigenen Grundstück. Zwar ohne Strom und Fernseher, aber mit selbst gebauten Regalen für seine Blumentöpfe und Autoreifen und was man sonst noch so unterbringen muss.

Neulich schlug er vor, man könnte doch den Kühlschrank, den wir von meinem Onkel geerbt haben, dort reinstellen.

„Wozu? Es gibt darin doch nicht mal einen Stromanschluss", wandte ich ein.

„Och, nur so", erwiderte er. „Na gut, dann lasse ich ihn eben in Opas Werkstatt stehen."

Ist es nicht wundervoll, wenn ein Mann gleich mehrere Höhlen hat?

WIE KANNST DU
BLOSS SO **RUHIG BLEIBEN**?

♥

Alles fing damit an, dass die Wasserrohre in unserer Straße marode waren.

„Das wird in den nächsten Wochen repariert", teilte uns ein Herr von den Stadtwerken mit. „In der Zwischenzeit müssen wir Ihnen leider den direkten Anschluss ans Netz abdrehen. Aber keine Sorge, die Wasserversorgung ist gesichert."

Das waren jetzt ganz schön viele Infos auf einmal. Gleich mehrere Aufreger in einem Satz.

„Schon wieder eine Baustelle vor dem Haus", schimpfte mein Mann nicht ganz zu Unrecht – erst wenige Wochen zuvor war der Asphalt erneuert worden. Was hatten die Bagger und Walzen unser Haus zum Beben gebracht! Und jetzt sollte das Ganze also schon wieder aufgerissen werden. Schlechte Planung, aber wohl nicht zu vermeiden, da verschiedene Behörden beteiligt waren. Vermutete ich mal. So richtig viel Ahnung, wer wann beschließen kann, welche Straße aufgerissen werden muss, habe ich nicht.

Ist ja auch egal, denn entscheidend war, dass uns das Ganze keinen Cent kosten würde. Weil wir nämlich an einer Bundesstraße wohnen. Was zwar einige Nachteile hat (unter anderem ein Verkehrsaufkommen wie an einer Autobahn), aber eben auch diesen Vorteil: Als Anwohner zahlen wir nichts für Reparaturen auf, an und in der Straße.

Was aber nicht bedeutet, dass mein Mann sich sofort wieder abgeregt hätte. „Wie, das Wasser wird uns abgestellt? Bis wann denn?"

Nun ja, es wurde uns nicht wirklich abgestellt – wir wurden über einen dicken Schlauch versorgt, und zwar vom Nachbarhaus aus. Blöderweise war es schon November, und die Temperaturen sanken manchmal sogar auch tagsüber unter die Null-Grad-Marke, spätestens jedoch in der Nacht.

„Sie müssen unbedingt darauf achten, dass immer Wasser fließt. An irgendeinem Waschbecken sollte der Hahn nie ganz zugedreht sein", schärfte uns der Herr von den Stadtwerken ein, „sonst friert nämlich der Schlauch zu und Sie sitzen auf dem Trockenen."

„Wie lange muss das Wasser denn laufen?", wollte mein Mann wissen. Und ich natürlich auch.

„Na, immer. Rund um die Uhr. Jedenfalls solange es Frost geben könnte."

„Und wann wird die Leitung repariert?"

„Kann man jetzt noch nicht sagen. In zwei Wochen vielleicht oder in drei. Das macht ein anderes Team."

„Wir sollen also drei Wochen lang rund um die Uhr das Wasser laufen lassen?" Ich war entsetzt. Da hatte man nun von Kindheit an gelernt, Ressourcen zu sparen, und dann das. Nicht mal beim Zähneputzen würde ich je das Wasser laufen lassen, und auf einmal bekam ich quasi den Befehl dazu?! Alles, was ich seit Kindesbeinen durch konsequente Verschwendungsvermeidung eingespart hatte, würde jetzt einfach so durch den Abfluss verschwinden …

„Und was das erst kostet!", rief mein Mann.

„Keine Sorge", erklärte der Herr von den Stadtwerken. „Weder Sie noch die Nachbarn zahlen in dieser Zeit auch nur einen Cent für das Wasser. Und es ist auch nicht wirklich verschwendet, denn das Abwasser wird ja von uns aufbereitet und wieder zu Trinkwasser."

Na gut. Das klang ja schon etwas besser. Vor allem das mit dem kostenlosen Wasser. Wir würden jeden Tag duschen, baden und das Auto waschen können, alles völlig gratis! Das war doch nicht übel, oder?

Hauptsache, wir drehten nicht versehentlich den Wasserhahn zu ...

Mit der Zeit gewöhnten wir uns an das laufende Wasser. Der Schlauch fror nicht zu, alles war gut. Allerdings wies nichts darauf hin, dass die Reparatur bald durchgeführt würde. Zwei Wochen waren nun schon vergangen und nichts tat sich.

Da klingelte es erneut an der Haustür. Ein anderer Herr von den Stadtwerken stand davor und sagte seinen Text auf: „Die Reparatur der Rohre in der Straße kostet Sie ja nichts. Aber wenn wir schon mal dabei sind, könnten wir auch den letzten Meter erneuern. Vom Bürgersteig bis in Ihren Keller. Das Rohr dürfte ja auch schon recht alt sein und vermutlich in schlechtem Zustand. Sie müssten das allerdings selbst zahlen, ist Ihre Entscheidung."

Hm. Sollten wir? Oder lieber nicht?

„Was könnte denn schlimmstenfalls passieren, wenn wir es nicht erneuern lassen?", wollte ich wissen.

„Nun ja, es könnte platzen, und dann würde Ihr Keller voll Wasser laufen."

Oh, das wäre natürlich ganz und gar nicht gut! Nein, wir wollten keinesfalls, dass eines Tages unser Keller unter Wasser stand, deshalb erteilten wir ganz schnell den Auftrag, diesen letzten Meter ebenfalls zu erneuern.

„Sie können die Kosten reduzieren, wenn Sie selbst mit anpacken", erklärte der Herr von den Stadtwerken.

Und das tat mein Mann natürlich. Nach mehreren Monaten Lockdown und Kurzarbeit hatte er so gut wie alles renoviert und ausgemistet, was man bei uns nur renovieren und ausmisten konnte. Auch den Keller hatte er kurz zuvor komplett entrümpelt. Er war also auf der Suche nach einer neuen Aufgabe, da kamen die Buddelarbeiten gerade recht.

Nun hat unser Keller den Nachteil, dass er gerade mal eins sechzig hoch ist. Die meisten Erwachsenen, die ich kenne, können nicht aufrecht darin stehen, und so war es für meinen Mann keine sehr angenehme Arbeit, den Betonboden aufzuhacken und ein Loch ins Erdreich zu graben, das bis zu der Stelle reichte, an dem unser Hausanschluss im rechten Winkel auf die Zuleitung von der Straße stieß.

Als er fertig war, kam der Herr von den Stadtwerken, um sein Werk zu begutachten. „Sieht prima aus", lautete sein fachmännisches Urteil. „Wir müssen nicht mal auf Ihrer Straßenseite aufbaggern, sondern auf der gegenüberliegenden, und können von dort aus das neue Rohr einfach durchschieben."

Schon am Mittag kam der Bagger und legte los. Rechtzeitig zum Feierabend war das Loch fertig. Am nächsten Morgen würden die Reparaturen durchgeführt, und dann wäre endlich wieder alles normal. Kein Schlauch mehr vom Nachbarhaus, kein laufender Wasserhahn, keine Gefahr eines vollgelaufenen Kellers. Hervorragend!

Wir lungerten gemütlich auf dem Sofa herum, in der Glotze lief das Freitagsspiel der Bundesliga, als mein Handy vibrierte. Eine Nachricht unserer Nachbarin: „Bei euch läuft Wasser aus, kann das sein?"

Zuerst stand ich auf der Leitung. „Du, ich glaube, der Wasserschlauch ist geplatzt. Schau mal lieber nach", sagte ich zu meinem Mann, der sofort aufsprang und zur Haustür stürmte.

„Der Schlauch ist okay, aber auf dem Bürgersteig ist alles überschwemmt", rief er. „Es läuft unter der Treppe raus. Muss aus unserem Keller kommen." Er klang aufgeregt, was kein Wunder war.

Ein Blick in den Keller bestätigte seinen Verdacht: Die Brühe stand fast bis zur Decke, mindestens eins vierzig hoch. Und es brodelte – der Stromverteilerkasten war bereits unter Wasser.

„Wir saufen ab!", brüllte er.

„Okay, ich rufe die Feuerwehr", antwortete ich. Zwar konnte ich mir nicht erklären, was da passiert war, aber es stand außer Zweifel, was nun zu tun war.

Die Feuerwehr versprach, sofort auszurücken, und man schärfte uns ein, auf keinen Fall den Keller zu betreten, wenn wir keinen Stromschlag riskieren wollten.

Mir fiel ein, dass auch die Stadtwerke eine Notrufnummer hatten, und ich googelte schnell danach.

„Das gibt's doch nicht! Du sitzt da und liest gemütlich, und das in so einer Situation?" Mein Mann war empört.

„Ich lese nicht gemütlich, ich alarmiere die Stadtwerke", gab ich zurück.

„Alles bricht hier zusammen, wie kannst du bloß so ruhig bleiben?" Er konnte es nicht fassen.

„Es hilft ja nichts, wenn ich durchdrehe."

„Das ist eine Katastrophe!!!"

Nun ja, vielleicht war es das. Vielleicht stand aber auch nur der Keller unter Wasser. Das hatten ja schon mehr Leute erlebt.

Vermutlich ist es so, dass in Krisensituationen immer einer cool bleibt und einer durchdreht. Das ist ein Naturgesetz. Bei uns waren die Rollen klar verteilt. Für mich ist das Glas sowieso immer halb voll – selbst wenn der Keller fast komplett voll ist.

Das Drama dauerte bis in die Nacht hinein. Innerhalb kürzester Zeit standen massenhaft Einsatzfahrzeuge vor unserem Haus – für die kleinen Jungs unserer Nachbarn war die Show, die da geboten wurde, ein wahres Fest. Auch wir standen draußen in der Kälte (drinnen war es ohnehin stockfinster, weil natürlich der Strom abgeschaltet worden war) und beobachteten den Einsatz.

„Zum Glück hast du neulich alles entrümpelt. Stell dir vor, da würden jetzt auch noch unsere Einmachgläser, die Weihnachtsdeko und all die alten Zeitschriften herumschwimmen", versuchte ich, das Positive hervorzuheben. Vermutlich etwas zu früh – noch war mein Mann nicht bereit, die Perspektive zu wechseln.

Irgendwann war der Keller leer gepumpt, der Strom konnte wieder eingeschaltet werden und wir hatten sogar wieder fließendes Wasser.

Inzwischen war auch klar, was passiert war: Der Bagger musste einen Schieber verbogen haben, sodass durch das Loch, das mein Mann gegraben hatte, Wasser eindringen konnte. So hatte es uns der Herr von den Stadtwerken erklärt, der ebenfalls aufgetaucht war und sich tausendfach entschuldigte.

Da hatte er uns zu einer Reparatur geraten, damit nicht eines Tages der Keller unter Wasser stand, und nun das ...

Ich fand es fast komisch. Um nicht zu sagen: Urkomisch!

Mein Mann nicht so. Er beruhigte sich erst, als klar war, dass der Schaden komplett von der Versicherung bezahlt würde.

Wochenlang brummte in unserem Keller ein Trocknungsgerät vor sich hin, und es ist kaum zu fassen, wie oft mein Mann den Behälter leeren musste.

Die alten Rigipswände wurden entfernt, die sowieso nur eine Brutstätte für Schimmel gewesen waren, und die alten Sandsteinmauern durften wieder atmen.

Im Zuge der Trocknungsarbeiten krachte auch die Deckenverkleidung herunter und gab den Blick auf einen ziemlich morschen Balken frei, den wir sonst womöglich nie beachtet hätten.

„Ich wusste doch, das Haus bricht bald zusammen!", orakelte mein Mann.

Doch das tat es natürlich nicht, denn wir ließen die Sache sofort von einem Statiker checken und anschließend Stahlträger einziehen.

„Wahrscheinlich war das mit dem vollgelaufenen Keller das Beste, was uns passieren konnte", erklärte mein Mann eines Tages.

„Du hast ja so was von recht", grinste ich.

Für ihn ist das Glas eben nie halb, sondern immer ganz leer – oder eben ganz voll. Vermutlich kann er deshalb nicht einfach ruhig bleiben. Und ein bisschen beneide ich ihn um diese Kompromisslosigkeit. Meine realistisch-optimistische Grundeinstellung erscheint im Vergleich geradezu unspektakulär. Aber als Ausgleich habe ich ja ihn – mit meinem Mann wird das Leben garantiert nie langweilig!

LOCKDOWN MIT
NEBENWIRKUNGEN

♥

Irgendwann Ende der Achtzigerjahre war mein Mann einmal für exakt zwei Wochen arbeitslos. Eine furchtbare Zeit! Sie erschien mir endlos lang. Und ihm erst ... Er war es einfach nicht gewohnt, untätig herumzusitzen, sodass am Ende dieser vierzehn Tage unsere Wohnung zu hundert Prozent schmutz- und fusselfrei war. Er hatte sogar die Heizkörper geputzt, von allen Seiten. Mit einer Zahnbürste. Muss ich noch mehr sagen?

Wir waren jedenfalls überglücklich, als er dann recht bald einen neuen Job fand. Damals dachte ich noch nicht darüber nach, wie er wohl eines Tages das Rentnerdasein verkraften würde. Mit Anfang/Mitte zwanzig liegt das noch weiter weg als die Erde vom Mond.

Genau an diese Episode dachte ich neulich, als ich meinen Mann auf der Terrasse stehen sah. Er trug Ostfriesennerz und Gummistiefel und war gerade dabei, mit einer Gieß-kanne die Holzdielen zu wässern. Im strömenden Regen! Da war er wieder, dieser Kerl, der damals die Heizkörper gebürstet hatte ...

Nur dass die Zeit, in der er diesmal nicht arbeiten gehen konnte, länger dauerte als nur zwei Wochen – und dass es gar nicht mehr lang bis zur Rente war. Du könntest ihn nachts aufwecken und nach seinem Renteneintrittsdatum fragen, er würde es dir wie aus der Pistole geschossen nennen. Von wegen weiter als die Erde vom Mond – inzwischen ist es höchstens noch so weit wie von der Apollo 11 bis zum Erdtrabanten. Nur noch wenige Jahre, dann heißt es: Der Adler ist gelandet!

Als ich meinen Mann so betrachtete mit seiner Gießkanne und dem Schrubber, mit dem er die Terrassendielen bearbeitete, schien mir: Er sitzt bereits in der Mondfähre ...

Schuld an seinem unfreiwilligen Ich-teste-mal-das-Dasein-im-Ruhestand war – wie du wohl schon vermutet hast – der Corona-Lockdown. Mein Mann arbeitet ja in der Gastronomie, daher war er von den Einschränkungen besonders stark betroffen. Als Läden und Sportstudios schon wieder öffnen durften, war sein Betrieb noch immer dicht.

Für jemanden, der schon in zwei Wochen Arbeitslosigkeit fast durchgedreht ist, waren die langen Corona-Monate natürlich eine ganz besondere Herausforderung.

Während ich ja ohnehin Tag für Tag im Homeoffice sitze und vor mich hintippe, sodass sich an meinem Arbeitsablauf wenig änderte, musste sich mein Mann gewaltig umstellen. Er kann nun mal nicht faulenzen – das schafft er nicht mal im Urlaub.

Kochen, einkaufen gehen und den Hund Gassi führen, das lastete ihn einfach nicht aus. Und das, obwohl er mich darüber hinaus regelmäßig mit Statistiken zur Pandemie versorgte, ob ich den neuesten R-Wert, die aktuellste Sieben-Tage-Inzidenz und die Fallzahlen des RKI hören wollte oder nicht (eigentlich eher nicht).

Also nutzte er die Zeit, um Dinge zu erledigen, zu denen er sonst nie gekommen wäre:

Er mistete den Keller aus.

Er mistete den Dachboden aus.

Er mistete die Garage aus.

Er mistete den Ölbunker aus.

Er mistete den Abstellraum aus.

Er mistete den Hauswirtschaftsraum aus.

Er mistete sein Arbeitszimmer aus.

Er buchte mindestens einen Termin pro Woche auf dem Wertstoffhof und brachte Fuhre um Fuhre dorthin.

Als er alles entsorgt hatte, was wir nicht mehr brauchen konnten, begann er, alles zu sortieren, was wir behalten wollten.

Er pflasterte die Wände im Hauswirtschaftsraum mit Regalbrettern und räumte sie ein.

Er entwickelte ein neues Ordnungssystem für die Garage.

Er kaufte ein kleines Gartenhäuschen und stellte die ausgemusterten Kellerregale hinein.

Er baute meine neue Bücherwand auf und … Nein, in dem Fall räumte nicht er sie ein, sondern ich tat das. Schließlich wollte ich mich ja darin zurechtfinden.

Nachdem alles seine neue Ordnung hatte, begann er zu streichen.

Er strich sein Büro. Den Flur. Das Treppenhaus. Dann kaufte er sogar ein mobiles Gerüst und begann, das Haus von außen zu streichen! Und die Garage. Und die Garage meiner Mutter …

Anschließend wurden Mäuerchen im Außenbereich verputzt, Stufen neu betoniert, Blumenkübel bepflanzt, Steinplatten verlegt.

Als innen alles erledigt war und es draußen nass und kalt wurde, begann er zu backen. Bienenstich. Russischen Zupfkuchen. Apfeltorte. Nussplunder. Windbeutel! Natürlich auch Brot. Und Pizza. Und …

Zusätzlich zu seinem Joggingprogramm und den regelmäßigen Gassigängen mit unserem Hundesenior führten wir tägliche Märsche in strammem Tempo ein, um all die Kalorien wenigstens teilweise wieder zu verbrauchen (das Fitnessstudio hatte natürlich ebenfalls geschlossen).

So wie ich seit Monaten nur noch in Jogginghose und Schlabbersweatshirt herumlief, kam er nicht mehr aus seiner Arbeitskluft heraus. Workwear ist ja so praktisch, mit all den vielen Extrataschen! Logisch, dass wir uns auch zum Spazierengehen nicht extra umzogen. Nein, auch sonntags nicht. Irgendwie fühlte sich sowieso ein Tag wie der andere an.

Daher weiß ich nicht mehr, was es für ein Wochentag war, an dem seine pandemiebedingten Arbeitsbeschaffungsmaßnahmen in der eingangs beschriebenen Szene auf der Terrasse gipfelten. Aber vielleicht könnte ich unsere Nachbarn fragen. Die haben sich den Tag, an dem Herr Abidi im Regen die Dielen goss, möglicherweise im Kalender angestrichen.

(Zu seiner Ehrenrettung muss ich allerdings betonen, dass die Dielen jetzt wieder fast wie neu aussehen und kein bisschen rutschig sind! Die Reinigungsmaßnahme hatte also durchaus ihre Berechtigung.)

Irgendwann war aber wirklich alles aufgeräumt und renoviert. Mein Mann suchte nach neuen Aufgaben.

„Ich würde so gern ein Vogelhäuschen bauen", verkündete er eines Tages. „Wenn doch nur endlich die Baumärkte öffnen würden."

„Hm", machte ich. Mein Interesse an Vogelhäuschen hielt sich in Grenzen. Vor allem wusste ich, dass so ein Projekt auch keine Dauerlösung war.

„Du brauchst ein neues Hobby", erklärte ich ihm. „Was soll nur werden, wenn du in Rente bist?"

„Dann werde ich reisen", sagte mein Mann.

„Aber doch nicht ständig. Nein, ich finde, du brauchst ein paar zusätzliche Betätigungsfelder."

„Und was schwebt dir so vor?", wollte er wissen.

„Na ja, du könntest massieren lernen. Bestimmt bin ich bis dahin nicht weniger verspannt als jetzt schon. Das würde uns einen Haufen Geld sparen."

„Also ich weiß ni..."

Doch ich war noch lange nicht fertig. „Und Maniküre. Du könntest künftig meine Nägel machen. Mit Lack und allem."

„Ich? Glaubst du ..."

„Ja, unbedingt. Das liegt dir. Denk nur mal dran, wie toll du neulich diese Torte verziert hast. Da wirst du doch wohl auch mit Nagellack umgehen können."

„Na ja, das ist doch was völlig an..."

„Nicht zu vergessen Fußpflege! Oh ja, das wäre super."

Mein Mann wirkte nicht halb so begeistert wie ich. „Ich hab schon genug Hobbys", sagte er. „Ich jogge, ich fotografiere gern den Mond, ich rede mit unseren Blumen, damit sie besser gedeihen ..."

„Du hast völlig recht. Und sie gedeihen prächtig", stimmte ich ihm zu und ließ das Thema fallen. Vorerst.

Eine rein taktische Maßnahme. Ich will ihn ja nicht überreden. Sondern überzeugen. Wird schon klappen – schließlich bleiben mir noch ein paar Jahre dafür ...

Eins steht jedenfalls fest: Zum Renteneintritt bekommt er von mir ein Nageldesigner-Starter-Set. Aber psssst! Nicht verraten – soll eine Überraschung werden.

SONNE, STRAND UND
BAUMARKT

♥

Mein Mann und ich sind längst nicht immer einer Meinung. Er, der Frühaufsteher, Langstreckenläufer, Lesemuffel. Ich, die Nachteule, Stubenhockerin, Büchernärrin. Doch bei einem waren wir uns schon immer einig: Der Sommerurlaub geht nach Holland! Wir beide lieben Land und Leute, den leckeren Käse, die lustige Sprache, die Küste mit dem schier endlosen Strand, die unfassbar süßen *Stroopwafels*, die hübschen, kleinen Häuschen mit den gepflegten Vorgärten ...

Seit über zehn Jahren hatten wir jeden Sommer ein Ferienhaus an der niederländischen Küste gemietet, und es verging kein Urlaub, ohne dass wir es nicht im Geiste umdekoriert, renoviert oder gar komplett umgebaut hätten. Vor allem mein Mann, dem das süße Nichtstun leider so gar nicht gefällt.

„Wenn man sich diese blöden Zierdeckchen und Deko-Möwen wegdenkt und eine Wand türkis streichen würde, wäre es viel schöner", schlug ich beispielsweise vor.

„Also ich würde ja diese Wände rausreißen, dann hätten wir zwei normal große Schlafzimmer statt drei winzige", erwiderte dann mein Mann und krempelte schon voller Tatendurst die Ärmel hoch.

Unweigerlich führten unsere Spaziergänge an den Aushängen der örtlichen Immobilienmakler vorbei.

„Ein eigenes Haus am Meer, das wär's", seufzten wir oft einträchtig. Man könnte spontan verreisen, zum Beispiel wenn es
in unseren Gefilden unerträgliche vierzig Grad heiß ist. Und
sogar ohne großes Gepäck, denn alles Wichtige hätte man ja
vor Ort. Wäre das nicht genial?

Ich träumte von Schreibklausuren am Meer, mein Mann
von langen Joggingtouren entlang der Küste bei Sonnen-
aufgang. Wir wären keine Touristen mehr, sondern Teilzeit-
Einheimische!

Unsere Vision wurde immer konkreter. Was einmal eine reine
Wunschvorstellung gewesen war, entwickelte sich im Laufe
der Zeit zu einem Ziel, das in immer greifbarere Nähe rückte.
Die Immobilienpreise wurden permanent günstiger, die Zinsen
hatten einen historischen Tiefstand erreicht und wir fragten
uns: Wenn nicht jetzt, wann dann?

Im nächsten Urlaub wollten wir Nägel mit Köpfen machen.
Schon im Vorfeld kontaktierten wir eine Maklerin, sondierten
die Lage, studierten das Angebot auf der Website und verein-
barten Besichtigungstermine. Und so fanden wir es auch nicht
weiter tragisch, dass unsere erste Urlaubswoche kühl und verregnet war. Wir hatten ja spannende Indoor-Pläne.

Vor der ersten Begegnung mit der Maklerin checkte ich noch
rasch ein paar Vokabeln, schließlich wollte ich ohne zu stot-
tern fragen können, ob die Einbauküche im Preis inbegriffen
war, die Wände noch vom Vorbesitzer frisch gestrichen würden und wie viel Spielraum es beim Preis gab. Ich hatte in den
letzten Jahren zwar allerhand niederländische Krimis gelesen,
aber solche Fachbegriffe korrekt zu verwenden und vernünftig
auszusprechen, war doch noch mal eine andere Hausnummer.

Anoek kam pünktlich. Und wir fanden sie auf den ersten Blick umwerfend! Vor allem mein Mann war so begeistert, dass er ihr am liebsten das erstbeste Appartement abgekauft hätte, nur um sie glücklich zu machen. Bei einem Topmodel-Casting hätte sie vermutlich im Vorbeigehen gewonnen mit ihren langen, blonden Haaren, ihrer von der Sonne karamellisierten, makellosen Haut, ihren unendlich langen Beinen, die in hautengen Jeans steckten, und ihren unfassbar hohen Absätzen. Sie begrüßte uns mit Handschlag und einem nicht zu strahlenden Lächeln, zückte dann den Schlüssel und führte uns durch das erste Objekt – eine 70-Quadratmeter-Wohnung in Deichnähe. Zweite Etage, kein Garten, aber mit Balkon. So viel wussten wir schon aus dem Internet.

Das Wohnzimmer war sehr ansprechend. Es sah fast exakt so aus wie auf dem Foto, nur ungefähr halb so groß. Da hatte wohl jemand mit der Perspektive getrickst.

Anoek wies uns auf zahlreiche Details hin – den schönen Holzboden, das Einbauregal, die Helligkeit. Wir waren angetan. Hochzufrieden damit, wie viel ich verstanden hatte, folgte ich ihr in Richtung Schlafzimmer.

„Warum sind die Rahmen doppelt und was hat sie da von Kunststoff-Cousinen erzählt?", raunte mein Mann mir zu.

„*Raam* heißt Fenster", erklärte ich grinsend, „und *kozijn* bedeutet Rahmen."

Ganz offensichtlich war sein Sprachzentrum vor lauter Bewunderung für Anoeks Schönheit blockiert. „Pass auf, dass dir der Mund nicht offensteht. Das sieht ein bisschen dämlich aus. Außerdem könntest du ihr Großvater sein", foppte ich ihn. Das war zwar maßlos übertrieben, erschien mir aber in dieser Situation eine angemessene Reaktion zu sein.

Im Schlafzimmer erwartete uns eine Überraschung: Hier gab es nicht nur ein Bett und einen Einbauschrank, sondern auch eine gigantische Duschkabine.

Duschen in *de slaapkamer*? Na ja, ein bisschen seltsam fanden wir das schon.

Noch seltsamer, dass es gar kein Badezimmer gab. Nur eine winzige Toilette. Und in der befand sich nichts außer einer Kloschüssel. Immerhin mit Brille und Deckel.

Die Küche war ebenfalls eine einzige Enttäuschung. Klein, verbaut und dunkel. Dass sich der Balkon, zu dem man von hier aus gelangte, als extrem mickrig entpuppte, passte nun genau ins Bild. Diese Wohnung war nichts für uns. Hier gab es ja noch nicht mal ein Waschbecken! Was hieß das noch gleich auf Niederländisch? Ach ja, *wastafel* – zum Glück hatte ich vorhin noch meinen Wortschatz aufgefrischt.

Ich machte eine Bemerkung darüber, und Anoek musste mit einem bedauernden Lächeln zugeben, dass der Vorbesitzer seine Zähne vermutlich an der Spüle geputzt hatte.

Das nächste Häuschen war geradezu entzückend im Vergleich! Besonders gut gefiel uns die getäfelte Wand, die Einbauküche und das nagelneu gefliste Bad. Die Schlafzimmer waren auch nicht übel, aber um sie zu erreichen, musste man eine Treppe erklimmen, die diesen Namen nicht wirklich verdiente. Die Stufen waren so steil, dass es mir fast schwindelig wurde, und die Tritte so schmal, dass man beim Hinuntergehen seitlich auftreten musste. Die reinste Hühnerleiter!

„Wahnsinn, wie sie das schafft mit ihren Highheels", staunte mein Mann, als Anoek souverän hinabschwebte. „Schwieriger als Jorges Catwalktraining", musste ich neidlos anerkennen.

Schweren Herzens erklärten wir ihr, dass das Häuschen für uns leider nicht infrage kam. Schließlich wollten wir ja auch in zehn Jahren noch ohne Treppenlift unsere *slaapkamer* erreichen.

Ganz so steil war die Treppe in dem Objekt, das wir uns anschließend anschauten, zwar nicht, aber wir hatten eigentlich damit gerechnet, dass es gar keine gab. Auf der Website hatte es ausgesehen, als läge das Appartement auf einer Etage. Auf den Fotos hatte es außerdem topmodern, riesengroß, extrem schick und geradezu klinisch sauber gewirkt. Leider hauste hier zurzeit ein Messie, und nicht nur das: ein Messie mit Husky. In der ganzen Wohnung roch es wie im Schlangenhaus eines Zoos. Und überall lag Gerümpel herum. Dass sowohl der Messie als auch der kläffende Husky anwesend waren, fand vor allem Anoek alles andere als erfreulich. Sie bat tausendfach um Entschuldigung. Wir zeigten uns verständnisvoll, doch trotz großer Fantasie konnten wir uns nicht vorstellen, uns in dieser Bude jemals wohlzufühlen.

Schade – damit waren wir schon am Ende unserer Besichtigungstour angelangt.

Oder doch nicht?

Anoek hatte noch eine Überraschung in petto. Ein Appartement zwischen Tulpenfeldern und Dünen, top gepflegt, in erstklassigem Zustand, mit viel Stauraum, einer modernen Einbauküche, großem Bad und allem, was das Herz begehrt.

Leider lag der Preis deutlich über unserem Limit. Wir würden uns dieses Objekt nur leisten können, wenn wir im Lotto gewännen (haha), ich einen Bestseller schrieb (hoho) oder wir die Wohnung die meiste Zeit an fremde Urlauber vermieten würden (och nö).

Meinem Mann tat es vor allem leid, Anoek enttäuschen zu müssen. Sie würde mit uns leider keinen Abschluss machen – jedenfalls nicht in diesem Jahr.

In der zweiten Ferienwoche wurde das Wetter besser und wir verbrachten viel Zeit am Strand. Auf dem Rückweg kauften wir uns jeweils *drie bollen ijs* (mein Mann Zitrone, Melone und Ananas, ich Pistazie, Vanille, Karamell) und schlenderten wie jedes Jahr an den Schaufenstern der örtlichen Immobilienmakler vorbei. Bei Anoeks Konkurrenz, sozusagen.

„Wäre schon schön gewesen", meinte ich.

„Ja, aber überleg mal, was man mit dem Geld alles anstellen könnte", erwiderte mein Mann.

„Stimmt – wir könnten jedes Jahr mehrmals verreisen!"

„Und müssten nicht immer an denselben Ort fahren."

„Lauter Vorteile", nickte ich.

Wir waren uns mal wieder einig.

Am nächsten Tag mieteten wir Fahrräder und machten einen Ausflug. Erst am Deich entlang, dann durch ein paar idyllische Dörfchen zurück.

„Schau mal, da steht *te koop*", sagte mein Mann alle fünf Minuten. Tatsächlich standen jede Menge Häuser zum Verkauf. Die Schilder verwiesen jeweils auf eine Maklerfirma, einige davon auch auf die von Anoek.

„Wir fahren doch übermorgen schon heim", sagte ich, als er wieder mal auf ein potenzielles Kaufobjekt hinwies, „das ist zu knapp, um neue Besichtigungstermine zu vereinbaren."

„Aber hier steht *privé-verkoop – zonder makelaar*, also ohne Makler. Sollen wir einfach mal klingeln?"

Tatsächlich – kaum war die schöne Anoek außer Sichtweite, funktionierte auch sein Sprachzentrum wieder.

„Gute Idee", sagte ich.

Wir verliebten uns auf den ersten Blick in das Häuschen. Es war ein liebevoll renovierter Bungalow, klein und fein. Der Holzboden glänzte, der sichtbare Klinkerputz wirkte urig, und als ich entdeckte, dass die Wand zwischen Küche und Schlafzimmer türkisfarben gestrichen war, wusste ich: Das ist es!

Der Preis war überraschend moderat. Die Besitzer – ein sehr nettes, junges Paar – hatten ein größeres Haus gebaut und wollten baldmöglichst umziehen. Wir tauschten Adressen und versprachen, uns zu melden, sobald die Finanzierung sowie weitere Details geklärt waren.

Auf dem Heimweg redete mein Mann ohne Pause. Er machte bereits Pläne für Umzug, Möblierung und Gartengestaltung. Ich dagegen war sprachlos vor Glück und konnte es kaum fassen. Wir standen so kurz davor, unseren Traum zu verwirklichen!

„Und was ist mit all den anderen Urlauben, die wir machen könnten? An anderen Orten?", erinnerte ich ihn bei unserem abendlichen Strandspaziergang an unser Gespräch von neulich.

„Andere Orte? Wer will denn da hin?", meinte er nur.

Stimmte auch wieder.

Es wurde dann allerdings doch nichts aus dem süßen, kleinen Häuschen. Vor lauter *ramen* und *kozijnen* und Begeisterung für die türkisfarbene Wand hatten wir bei der Besichtigung leider das Wort *erfpacht* überhört. Der Erbpacht-Zins für das

Grundstück, den wir bis in alle Ewigkeit an die Gemeinde hätten zahlen müssen, war nicht gering und würde vermutlich von Jahr zu Jahr steigen. Damit war der Schnäppchenpreis keiner mehr, im Gegenteil.

Dafür gingen die Besitzer des Appartements zwischen Tulpenfeldern und Dünen im Laufe des Herbstes noch einmal gewaltig mit dem Preis runter, wie ich bei einem spontanen Check auf der Website des Maklerbüros feststellte. Die wollten wohl dringend verkaufen!

Auf einmal ging alles ganz schnell. Es wurden Mails gewechselt, ein bisschen verhandelt, und schon wenige Wochen später hatten wir einen Termin beim Notar. Und schwupps, waren wir Teilzeit-Einheimische!

Ich kann gar nicht zählen, wie oft wir seitdem in Holland waren. Manchmal für mehrere Wochen, manchmal nur für ein verlängertes Wochenende.

Ich brauche nicht viel Programm. Lange Strandspaziergänge, schön faulenzen, viel lesen, ein bisschen arbeiten (schon so manches Kapitel ist dort entstanden), gut essen (viel Fisch!) – das genügt mir.

Meinem Mann, wie gesagt, nicht so. Aber das macht nun gar nichts mehr. Denn das Schönste an der eigenen Ferienwohnung ist für ihn die Tatsache, dass er jetzt auch im Urlaub Grund hat, in den Baumarkt zu fahren. Und während ich gemütlich einen Schmöker nach dem anderen inhaliere, erneuert er Braseköpfe, Silikonabdichtungen und Dunstabzugshauben …

QUIZ: VERSTEHST DU HANDWERKER-SPRECH?

Auch wenn dein Liebster eher ein Bürohengst ist als ein Cowboy und das einzig Holzfällerhafte an ihm sein Fleece-Karohemd ist, ist er doch garantiert stolzer Besitzer eines Werkzeugkastens, wetten? Ein bisschen Handwerker-Coolness steckt in jedem Mann, und natürlich wirft er auch gern mit Fachbegriffen um sich. Die du natürlich verstehst, oder?

1. Schon mal von einem Polschuh gehört?

A: Klar, das ist ein Pole-Dance-Schuh, logo

B: Muss wohl ein Polierhandschuh sein

C: Teil des Elektromotors, der das Magnetfeld beeinflusst

D: Unsinn, gemeint ist ein Rasenmähroboter

2. Was ist eine Fase?

A: Ein engmaschiger Drahtzaun für Nagetiere

B: Die abgeschrägte Kante an Werkstücken

C: Ein unter Strom stehendes Kabel

D: Der Kunststoff, aus dem man Mikrofaser herstellt

3. Klar kennst du den Begriff Knarre!

A: Umgangssprachlich für Nagelpistole

B: Kännchen mit Öl gegen quietschende Türen

C: Gebogene Hölzer zur Herstellung von Fässern

D: Werkzeug zum Anziehen von Schrauben und Muttern

4. Unter IXO versteht man den weltweit ersten ...

A: Akkuschrauber mit Lithium-Ionen-Technologie

B: Multifunktions-Werkzeuggürtel für Heimwerker

C: schnelltrocknenden Nassestrich

D: Mehrzonen-Spreizdübel

5. Was in aller Welt ist ein Nibbler?

A: Ein wasserdichtes Schweißgerät für Tiefseeeinsätze

B: Ein Spezialrucksack für Handwerker auf der Walz

C: Ein Gerät zur Blechbearbeitung, ähnlich einer Stanze

D: Ein Korkenzieher, wie ihn nur Winzer benutzen

6. Haste mal 'n Flansch? Klar – aber was ist das?

A: Eine Art Flammenwerfer zur Rostbekämpfung

B: Ein superstarker Sekundenkleber

C: So was Ähnliches wie eine Fase, nur größer

D: Eine Scheibe zur Verbindung von Rohrleitungen

7. Das ist einfach: Was ist ein Zinken?

A: Fingerartige Verbindung zweier Holzbretter

B: Ein anderes Wort für Fleischerhaken

C: Ein superschneller Gabelstapler

D: Ein Mund-Nasen-Schutz für Schweißer

8. Huiii, eine Libelle! Das ist doch ...

A: Ein selbst gebautes Insektenhotel

B: Das Anzeigefenster in einer Wasserwaage

C: Eine Miniatur-Kreissäge für Feinmechaniker

D: Ein Multitool, ähnlich einem Schweizermesser

AUFLÖSUNG

1C, 2B, 3D, 4A, 5C, 6D, 7A, 8B

TEIL 4

NEIN, DAS MUSS MAN NICHT VERSTEHEN!

MANN AM **STEUER**

♥

Die mit Abstand stressigste Prüfung, die ich je absolviert habe, war die Führerscheinprüfung. Beziehungsweise Plural: waren die Führerscheinprüfungen.

Dasselbe gilt übrigens für meinen Mann. Wir haben es doch tatsächlich fertiggebracht, bei der Theorie es beide doch auf Anhieb zu bestehen, die praktische Prüfung jedoch zweimal zu versemmeln und erst beim jeweils dritten Versuch zu schaffen.

Meine Güte, waren das anstrengende Monate! Ständig hatte eine/r von uns zusätzliche Pflichtfahrstunden oder einen erneuten Prüfungstermin. Immer wieder diese Aufregung, das Gehibbel, Daumendrücken – und anschließendes Trösten. Insgesamt sechs Fahrprüfungen in einem Vierteljahr, das war durchschnittlich eine alle zwei Wochen. Wir kamen aus dem Nervositätsmodus gar nicht mehr raus!

Ich beneidete meinen Bruder, der nicht am Studienort, sondern noch zu Hause im Hunsrück seinen Führerschein gemacht hatte. Seine Fahrprüfung hatte gerade mal zehn Minuten gedauert: rauf auf die Autobahn mitten im Nirgendwo, bei der nächsten Abfahrt raus und wieder zurück. Vermutlich bestand dabei die größte Herausforderung darin, auf ansonsten vollkommen freier Strecke einen einsamen Lkw zu überholen.

Hätte ich es doch auch so gemacht! Aber nein, mir war das mit der Fahrerlaubnis nicht so wichtig gewesen damals gleich nach dem Abi, also hatte ich damit gewartet. In der

Zwischenzeit jedoch hatte man die Prüfungsdauer von zehn Minuten auf eine Dreiviertelstunde angehoben – viel mehr Zeit, in der man etwas falsch machen konnte! Und das Ganze fand in meinem Fall natürlich nicht auf den leeren Straßen des Hunsrücks statt, sondern inmitten einer hessischen Universitätsstadt, die mehr Rechts-vor-links-Kreuzungen hat als sonst was und von wo aus man es innerhalb der Prüfungszeit locker bis zu den zahlreichen verwirrenden und ewig verstopften Frankfurter Autobahnkreuzen schafft.

Schuld an unseren Misserfolgen war jedoch nicht mangelndes Können hinter dem Steuer, sondern Aufsässigkeit (im Fall meines Mannes) und Verpeiltheit (bei mir).

Als er zum ersten Mal durchfiel, hatte mein Mann während eines Überholvorgangs auf der Autobahn eine Geschwindigkeitsbeschränkung übersehen. Der Prüfer wäre eventuell sogar gewillt gewesen, darüber hinwegzusehen, doch als er meinen Mann im Anschluss an die Fahrt darauf ansprach, zeigte der keinerlei Reue oder behauptete wenigstens, das Schild übersehen zu haben, sondern erwiderte keck: „Na und? Ist doch nichts passiert!"

Anstatt einzusehen, dass vorlaute Antworten nichts bringen, kam es beim nächsten Versuch sogar noch schlimmer. Als der Prüfer, der bereits dabei war, seinen Führerschein zu unterschreiben, eine Bemerkung über die Anzahl seiner Fahrstunden machte und fragte, was der Grund dafür sei, antwortete mein Mann: „Das geht dich einen Sch... an." Und das war's dann mit der Unterschrift.

Eigentlich wollte der beleidigte Prüfer zur Strafe noch eine zweijährige Sperre erwirken, doch das konnte der Fahrlehrer (der durch seine umständliche Art übrigens schuld an den übermäßig vielen Übungsstunden war) gerade noch abwenden.

Bei mir liefen die Versagensfahrten völlig anders ab. Beim ersten Mal stand ich vor einer roten Ampel und übersah das Anlieger-frei-Schild geradeaus. Ich hätte also fragen müssen, ob ich nach rechts oder nach links abbiegen soll. Stattdessen glotzte ich auf das Schild, ohne es zu sehen und natürlich auch ohne etwas zu sagen. Zack, durchgefallen. Fand ich wahnsinnig ungerecht, aber so war nun mal das Autofahrerleben.

Beim zweiten Mal hatte ich bereits eine Dreiviertelstunde fehlerfreies Fahren hinter mir, ich war sozusagen durch, musste nur noch einparken, damit wir Fahrerwechsel machen konnten und der nächste Prüfling drankam, der bereits auf der Rückbank vor sich hinbibberte.

Einparken am rechten Straßenrand, kein Problem – das hatte ich während der Fahrstunden immer beim ersten Versuch hinbekommen. Einschlagen, rückwärtsfahren, gegenlenken, rein in die Parkbucht, fertig. Ich weiß nicht, woran es lag, dass es diesmal nicht ganz so perfekt klappte, jedenfalls kam ich mit dem rechten Hinterrad auf den Bordstein. Nicht so ideal.

„Noch mal raus und wieder rein", kommandierte der Prüfer – etwas, was mir völlig fremd war, denn wie gesagt: Bisher hatte es immer auf Anhieb hingehauen.

Ich musste mich konzentrieren! Okay. Wieder in Ausgangsposition. Alles von vorne: einschlagen, rückwärtsfahren ...

„Stopp!!!"

Jetzt war ich auf einmal viel zu nah am Vordermann, um ein Haar hätte ich das vor uns parkende Auto gerammt. Das ging ja gar nicht – durchgefallen.

Es dauerte eine Weile, bis ich kapierte, was ich falsch gemacht hatte: Der Lenker war ja bereits eingeschlagen gewesen! Und ich hatte noch mal ... So stimmte der Winkel nicht mehr, logisch.

Das war nichts weiter als ein Denkfehler von mir, der Aufregung geschuldet – und hatte nichts damit zu tun, dass Frauen angeblich nicht einparken können. Rein gar nichts!

Das Einzige, worin ich beim Autofahren wirklich, wirklich schlecht bin, ist, Beifahrerin zu sein. Vor allem dann, wenn mein Mann am Steuer sitzt.

Der Grund ist simpel: Er fährt einfach zu dicht auf. Das macht mich verrückt! Und ich weiß auch, es macht ihn verrückt, wenn ich deswegen eine Bemerkung mache, weshalb ich mich zusammenreiße. Das klappt ungefähr eine Viertelstunde lang ganz gut, dann halte ich es nicht länger aus und meine angestaute Verzweiflung entlädt sich in einem gepressten Stöhnen. Mein Mann, der das durchaus richtig zu interpretieren weiß, stellt sich dann – je nach Tagesform und Streitlust – entweder unwissend oder fängt an zu diskutieren.

„Da vorne ist alles frei. Warum sollte der Fahrer vor uns plötzlich bremsen?", argumentiert er.

Mir fallen natürlich tausend Möglichkeiten ein, warum das passieren könnte:

Ein Hase könnte die Straße überqueren, und der Mensch im Auto vor uns will ihn nicht überfahren.

Oder der Mensch bekommt einen epileptischen Anfall, wobei er unkontrolliert auf die Bremse tritt.

Oder ihm fällt die Trinkflasche runter, woraufhin er im Affekt bremst.

Oder …

Egal, wie dramatisch die Situationen sind, die vor meinem geistigen Auge entstehen, sie überzeugen meinen Mann kein bisschen.

Aber wir haben eine prima Lösung für unseren Konflikt gefunden: Wenn ich dabei bin, übernimmt er nur die Kurzstrecken, die mein Fünfzehn-Minuten-Selbstbeherrschungs-Limit nicht übersteigen. Auf längeren Strecken, zum Beispiel dem Weg in den Urlaub und zurück, fahre meistens ich.

Das ist auch billiger, spart es uns doch so manches Blitzerknöllchen. Denn in dieser Hinsicht könnte unsere Vermeidungsstrategie unterschiedlicher nicht sein: Seit Radar-Warn-Apps und Blitzerwarnungen auf dem Navi verboten sind, konzentriert mein Mann sich darauf, die fest installierten Anlagen auswendig zu lernen und die mobilen mit seinem Adlerblick zu identifizieren. (Trotzdem hat er es einmal geschafft, auf der 20 Kilometer langen, fünfspurigen Tempo-100-Strecke zwischen Utrecht und Amsterdam gleich dreimal geblitzt zu werden – die A5-formatigen Liebesbriefe aus Holland sind übrigens weiß-violett, und die Bußgelder haben sich gewaschen: 20 km/h zu schnell kostet 174 Euro!)

Ich dagegen konzentriere mich einfach auf die Beschilderung und fahre nicht schneller als man darf. Funktioniert einwandfrei – ist in den Augen meines Mannes aber keine Option. Nicht rebellisch genug – zu simpel.

Muss man nicht verstehen. Genauso wenig wie sein Parkraumdilemma.

Wie gesagt – es heißt ja, Männer könnten besser einparken als Frauen. Das ist zwar längst durch eine britische Studie widerlegt, doch in unserem Fall gilt das Vorurteil immerhin bedingt: Mein Mann kann wirklich super einparken. Definitiv besser als ich. Je schmaler die Parklücke, desto größer die Herausforderung, die er natürlich annimmt und souverän meistert.

Ich dagegen bevorzuge etwas mehr … Puffer. Am liebsten sind mir die doppelreihigen Parklücken, in die man vorwärts sowohl rein- als auch rausfahren kann. Sicher ist sicher – zumal mein räumliches Sehen nur so *na ja* funktioniert (weshalb ich auch so eine Niete bei Ballsportarten bin oder gerne mal eine Teetasse *neben* den Tisch stelle statt darauf).

Komme ich auf einen Supermarktparkplatz, auf dem noch viel frei ist, stelle ich mein Auto in die erstbeste Lücke, in die ich gut rein- und später auch gut rauskomme. Vollkommen egal, wie weit das vom Supermarkteingang entfernt ist. Man soll sich doch eh mehr bewegen im Alltag, oder? Schließlich habe ich einen Schreibtischjob und sitze ohnehin viel zu viel …

Für meinen Mann dagegen stellt so ein kaum belegter Lidl-Parkplatz eine enorme Herausforderung dar, denn dann hadert er mit der Qual der Wahl. Sein Problem besteht nicht darin, den Wagen unfallfrei in eine Lücke hineinzumanövrieren, sondern sich für eine zu entscheiden!

Vielleicht lieber im Schatten? Oder näher am Eingang, für den Fall, dass es bald regnet? Oder in der Nähe des Einkaufs-wagen-Unterstandes? Oder besser doch ganz am Ende, wo sich sonst keiner hinstellt und den Wagen in unserer Abwe-senheit womöglich rammen könnte?

„Wir könnten schon längst an der Kasse sein", rufe ich schließlich entnervt. „Stell dich doch einfach dorthin!" ich deute auf irgendeinen Platz.

„Aber doch nicht unter den Baum! Der viele Blütenstaub …

und die Vögel erst, die darauf sitzen! Die kacken mir bloß den Lack voll", widerspricht mein Mann empört.

„Und wie wäre es hier?"

„Mist, warum sagst du das so spät? Jetzt bin ich vorbei."

„Na, dann eben dort drüben."

„Du meinst in der Nähe des Altglascontainers? Auf keinen Fall! Was, wenn da Scherben rumliegen und die Reifen aufschlitzen? Kommt gar nicht infrage."

Ich bin am Ende meiner Geduld. „Dann fahren wir eben zu Aldi. Vorhin hab ich gesehen, dass der Parkplatz brechend voll ist. Höchstens noch eine Lücke frei. Wäre doch perfekt für dich! Dann müsstest du dich nicht entscheiden …"

„Frau Abidi, du spinnst!"

„Herr Abidi, du aber auch."

Wir müssen lachen. Da fährt vor uns ein Wagen raus und hinterlässt eine relativ schmale Lücke zwischen zwei fetten SUVs. Wie geschaffen für meinen Mann!

DER REBELL UND SEINE SIEBEN SACHEN

♥

„Schatz, kannst du mir mal eben deine Lohnsteuerkarte raussuchen? Dann habe ich die Unterlagen fertig zur Abgabe."

Mit diesem scheinbar harmlosen Satz hatte ich schon so manches Drama im Hause Abidi ausgelöst. Das war mir sehr wohl bewusst. Deshalb hatte ich diesmal bis zum letzten Moment damit gewartet. Aber jetzt war der komplette Ordner fertig für den Steuerberater – fehlte nur noch dieses eine Dokument. Okay, da musste ich jetzt durch.

Es kam, was kommen muss: „Aber die hab ich dir doch schon gegeben!"

Durchatmen. Bis zehn zählen. Lächeln.

„Nein, mein Liebster, hast du nicht."

„Aber muss ich doch. Wollte ich doch längst! Bist du sicher?"

„Ja, bin ich." Meine Buchhaltung war nämlich wohlsortiert. Wenn er mir die Karte gegeben hätte, dann hätte ich sie abgeheftet.

„Kann sie nicht irgendwo in deiner Schublade sein?" Er wollte mir einfach nicht glauben. Beziehungsweise: Er wollte nicht suchen müssen. Denn das würde kein Spaß werden.

„Garantiert nicht", erwiderte ich würdevoll und war stolz auf meine Selbstbeherrschung. „Würdest du bitte bei deinen Unterlagen nachsehen?"

Ich sagte bewusst *Unterlagen*, wobei ich genauso gut *in deinem Chaos* hätte sagen können, aber ich wollte ja keinen Streit provozieren. Ich wollte diese Lohnsteuerkarte!

Du musst wissen: Wenn mein Mann Ordnung in seine Papiere bringt, dann stapelt er sie fein säuberlich und legt die Stapel sorgfältig nebeneinander, in gleichmäßigen Abständen und alle parallel zur Tischkante. Dann denkt er, er hätte aufgeräumt. Und er glaubt mir nicht, dass es kein Ordnungssystem ist (jedenfalls keins, das diesen Namen verdient), wenn in diesen durchaus akkuraten Stapeln Heizölrechnungen auf Schulzeugnissen auf Krankenkassenbriefen auf Zeitschriftenkündigungen auf Mobilfunkverträgen liegen.

Nein, Ordnung ist, wenn man etwas so ablegt oder verstaut, dass man es problemlos wiederfindet!

Mit dem Wiederfinden ist es daher so eine Sache. So war es auch diesmal. Mein Mann stellte sein Arbeitszimmer auf den Kopf, fluchte dabei, was das Zeug hielt, fand aber nichts. Jedenfalls keine Lohnsteuerkarte – wohl aber ein paar Rezepte, die er längst einmal ausprobieren wollte. Darüber freute er sich sehr. Ich mich nur so mittel.

Ich sah ihm an, dass er den gesuchten Wisch immer noch bei meinen Sachen vermutete. Sonst hätte er ihn ja längst gefunden. Logisch.

Ich erinnerte ihn daran, dass die Lohnsteuerkarte im letzten Jahr an einem vollkommen absurden Ort aufgetaucht war. Wenn es mich nicht ganz täuschte, war das bei den Wanderkarten gewesen. Oder in der Sockenschublade? Auf jeden Fall wäre ich niemals darauf gekommen, dort zu suchen. Natürlich war das Ganze dennoch meine Schuld gewesen:

„Ich hab sie dort versteckt, weil du sie doch immer ver-schlampst", hatte er mit heiligem Ernst behauptet, als er mir das Fundstück überreichte, und für einen kurzen Moment hatte mir diese Erklärung die Sprache verschlagen.

Doch auch dort war sie diesmal nicht. „Da hab ich schon nach-geguckt", sagte mein Mann, als wäre es total normal, in einer Sockenschublade nach einer Lohnsteuerkarte Ausschau zu halten.

Ich nahm an, er hätte sich dieses Jahr ein noch fabelhafteres Versteck ausgedacht, und vermutlich würde es noch länger als sonst dauern, bis er es aufspürte.

Für heute gab ich daher auf und widmete mich wieder mei-nem aktuellen Kapitel. Die Steuererklärung lief mir ja nicht weg.

Die Tatsache, dass mein Mann zwar ständig aufräumt, aber dennoch immer auf der Suche nach irgendwas ist, beschränkt sich leider nicht nur auf die Sache mit der Lohnsteuerkarte. Nein, sie betrifft auch seinen Schlüssel, sein Ladekabel, seine Brille, seinen Lottoschein …

Und das sind nur die Gegenstände, von denen wir jeweils ein Exemplar, maximal zwei besitzen. Nun stell dir mal vor, wie es erst aussieht bei Dingen, von denen man *Vorräte* hat!

Oh, und mein Mann liebt Vorräte. Schließlich weiß man nie, ob irgendwann eine Hungersnot oder ein Lockdown oder sonst was ausbricht, und dann ist man froh, wenn man ge-nug Nudeln im Haus hat. Und Reis und Gewürzmischungen und Spülschwämme und Tiefkühlgemüse und Streusalz und Weihnachtskarten und Marmelade und Feuerholz!

Wobei Feuerholz sich von den sonstigen Vorräten durch einen festen Platz unterscheidet. Alles andere kann … na ja, theoretisch überall sein.

Natürlich misten wir regelmäßig aus, darin sind wir ganz groß. Ich kann gar nicht zählen, wie oft mein Mann in diesem Jahr schon auf dem Wertstoffhof war, um aussortierte Dinge in die Megacontainer zu feuern.

Wenn wir dann die Schränke und Schubladen neu einräumen, geschieht das mit Bedacht. Wir überlegen uns gut, was wo am ehesten gebraucht wird. So sollten die Gewürze beim Kochen immer griffbereit sein; was wir zum Frühstück brauchen, hat seinen Platz in der Küche, länger haltbare Vorräte im Kämmerchen.

Klingt alles so weit gut durchdacht, oder?

Na, dann versuch doch mal, in unserem Haushalt ein neues Glas Honig zu finden, so wie ich es damals tat. Es sollte eigentlich im Apothekerschrank sein, wo auch das Müsli steht und die Marmeladen und der Zucker. Aber Fehlanzeige.

Vielleicht in der Schublade unter dem Herd? Nein, dort waren Gewürze, Kernmischungen und – aha, Marmelade? Die gehörte da aber eigentlich nicht … egal. Darum ging's ja gerade gar nicht.

Vielleicht also im Vorratsraum? Dort ist so ein Regal, in dem normalerweise Essig, Öl und Saucen lagern. Honig fand ich dort zwar nicht, aber Nutella. Hm. Knapp daneben.

Dann vielleicht im Schubladenschrank gleich daneben, zwischen dem Knäckebrot, den Maiswaffeln, dem Mehl und dem Knabberzeug? Wieder nichts.

Hm. Ich war einigermaßen ratlos.

„Du hast doch neulich Honig gekauft, oder?", fragte ich meinen Mann.

„Ja, zwei Gläser. Warum?"

„Weil ich sie nicht finde."

„Müssten in der Küche stehen im Apothekerschrank."

„Da sind sie aber nicht. Auch nicht unter dem Herd oder im Kämmerchen. An keinem der vier potenziellen Plätze", gab ich ratlos zurück.

Oh, wie sehr würde es unser Leben doch erleichtern, wenn alles *einen* festen Platz hätte! Doch das widerspricht wohl seinem Wesen. Im tiefsten Inneren ist mein Mann nämlich ein Rebell.

„Wieso, willst du jetzt Honig essen?", wollte er nun wissen.

Das war zwar eigentlich nicht das Thema, aber ich antwortete ihm gern. „Nein, das nicht, aber später vielleicht, ich hab nur danach gesucht."

„Der wird schon auftauchen", gab sich mein Mann gelassen. „Lass uns doch erst mal zum Sport fahren."

Gute Idee. Das würde mich auf andere Gedanken bringen.

Der Honig tauchte schneller auf als erwartet, nämlich in dem Moment, als mein Mann seine Trainingstasche im Kofferraum verstauen wollte. Dort stand der Einkaufskorb von neulich – inklusive der zwei Gläser feinsten Blütenhonigs.

„Ach stimmt – da hatte ich die Hände voll, deshalb hab ich den Honig im Auto gelassen", freute sich mein Mann, dass das scheinbar unlösbare Rätsel des verschwundenen Blütensaftes nun doch so eine logische Erklärung bekommen hatte.

Ich sagte nichts, sondern betrachtete wortlos das Sammelsurium in seinem Kofferraum. Da waren noch ein paar Handschuhe vom vorigen Winter, eine Wäscheleine, mehrere Müllbeutelrollen, ein paar Gummistiefel und ein Handtuch. Damit war er auf jeden Fall für plötzliche Kälteeinbrüche, Wasserfluten oder unerwartete Reisen durch die Galaxis gerüstet.

Wortlos öffnete ich die Beifahrertür, um mit meiner Sporttasche (für die es im Kofferraum nun keinen Platz mehr gab) einzusteigen. Bevor ich mich auf dem Sitz niederließ, warf ich noch die dort befindliche orangefarbene Basecap, ein Supermarkt-Werbeblättchen und einen Kugelschreiber auf die Rückbank – zu den anderen Sachen, die dort lagen. Unter anderem ein Pullover, eine Küchenschürze, zwei weitere Basecaps und ein Paket Waschpulver.

Ich verkniff mir jeden Kommentar dazu (obwohl ich gerne vorgeschlagen hätte, die Rückbank auszubauen und durch ein kleines Schränkchen zu ersetzen) und beschloss, mich aufs Training zu freuen. Das würde mir guttun!

Ach, und überhaupt – heute war ein wunderschöner Tag. Blauer Himmel, herrliches Frühlingswetter …

Ich kniff die Augen zusammen, denn die Sonne blendete wirklich ganz schön. Ohne nachzudenken klappte ich die Sonnenblende herunter. *Böse Falle!* Das hätte ich nicht tun sollen – doch das wurde mir erst eine Zehntelsekunde zu spät klar. Als nämlich eine Flut von Papierchen auf mich herabregnete. Tankquittungen, Kassenbons, Einkaufszettel, Rezepte, Lottoscheine und … die Lohnsteuerkarte.

„Da ist sie ja!", rief ich, während ich mich von der Zettelflut befreite.

„Ich sag doch, du hast sie", grinste mein Mann.

„Aber da hatte ich sie doch noch gar nicht!"

„Na, jetzt hast du sie doch", erwiderte er zufrieden.

Einatmen, ausatmen. Losprusten.

IN WÜRDE **ALTERN** – ODER ZUMINDEST **MIT HUMOR**

♥

Als mein Mann und ich uns kennenlernten, waren wir halbe Kinder! Kurz vor meinem dreiundzwanzigsten Geburtstag wurden wir ein Paar, kurz nach seinem sechsundzwanzigsten Geburtstag heirateten wir zunächst standesamtlich. Dazwischen lagen gerade mal viereinhalb Monate und ein Jahreswechsel.

Betrachtet man nur unsere Geburtsjahre, ist mein Mann also nur zwei Jahre älter als ich, tatsächlich sind es aber fast drei. Was ganz schön verwirrend ist, vor allem für jemanden, der sich einfach nicht merken kann (oder will), wie alt er gerade ist.

„Werde ich dieses Jahr eigentlich sechsundzwanzig oder achtundzwanzig", fragte er an unserer ersten Silvesterfeier als Ehepaar. Es war kurz nach Mitternacht, wir hatten gerade auf das neue Jahr angestoßen.

„Du *bist* doch schon sechsundzwanzig", sagte ich. Zwar war ich nicht mehr ganz nüchtern (wer ist das schon an Silvester?) und sowieso nicht gut im Kopfrechnen, aber darin war ich mir sicher. „Das heißt, du *wirst* demnächst siebenundzwanzig."

„Hm. Ich glaube, du irrst dich", beharrte mein Mann. „Ich werde erst nächstes Jahr siebenundzwanzig."

Ich musste lachen. „Das nächste Jahr hat doch gerade schon angefangen."

„Ja, eben – es hat angefangen, aber ist noch nicht vorbei. Am Geburtstag feiert man ja, dass ein Jahr vergangen ist."

„Genau, aber nach dem ersten Jahr wird man doch nicht null, sondern eins. Und an deinem nächsten Geburtstag feierst du dein vollendetes siebenundzwanzigstes Lebensjahr."

Mein Mann schluckte. „Ach je. Dann werde ich in vier Jahren schon dreißig!"

„Nein, mein Schatz. In drei Jahren."

An sich hat mein Mann ein hervorragendes Zahlengedächtnis und er kann auch tausendmal besser rechnen als ich. Aber mit Geburtstagen hat er's nun mal nicht so. Was vielleicht daran liegt, dass sie in seiner Familie nie groß gefeiert wurden. Und eigentlich wollte er diese Tradition auch am liebsten beibehalten. Aber nicht mit mir! Wenn man schon älter wird, dann wenigstens mit Pauken und Trompeten! Oder jedenfalls mit Schnittchen und Sekt.

„Ein Fest veranstalten, bloß weil man alt wird? Das ist doch verrückt", murrte er.

„Du wirst auch alt, wenn du nicht feierst. Aber dann würdest du jede Menge Spaß verpassen", widersprach ich. „Außerdem – die einzige Alternative zum Altwerden ist, jung zu sterben. Das ist doch wirklich noch viel blöder."

Dagegen konnte mein Liebster nichts einwenden. Ich hatte recht, und er musste es einsehen. Also feierte er von nun an brav sein Wiegenfest.

„Bald bin ich ein alter Sack", kündigte er an, als wir seinen Dreißigsten planten.

Ich musste lachen. „Dreißig ist doch noch jung", widersprach ich.

„Du hast gut reden. Du wirst ja erst in vier Jahren so alt."

„In knapp drei", korrigierte ich ihn.

„Ich dachte, du bist sechsundzwanzig?" Er runzelte die Stirn.

„Nicht mehr seit meinem letzten Geburtstag."

Er würde es wohl nie lernen.

„Jedenfalls ist man mit dreißig kein alter Sack", nahm ich den Faden wieder auf.

„Ist man wohl. Mit dreißig fangen die Reparaturen an. Und irgendwann bekommt man dann keinen TÜV mehr."

„Du bist doch kein Auto!"

„Schlimmer: Ich bin ein Oldtimer", behauptete er.

Ich selbst hatte bisher bei keinem meiner runden Geburtstage eine Krise, nicht mal eine mittelschwere. Ich fand schon damals, dass „eine Dreißigjährige" besser klingt als „eine Endzwanzigerin", und dasselbe gilt für alle Nullrunden.

Als mein Mann vierzig wurde („Waaas, ich dachte, ich werde erst neununddreißig?!"), ließ er die Feier ausfallen. Stattdessen fuhren wir für ein paar Tage in eine abgelegene Waldhütte und machten Extremfaulenzing – soweit das mit einem Fünfjährigen, der dauernd beschäftigt sein will, möglich war. Ich glaube, ich habe weder vorher noch danach jemals so oft Uno gespielt wie in dieser Woche!

Den Fünfzigsten begingen wir dann wieder zu Hause, allerdings – wie immer – im relativ kleinen Kreis, nur Familie und enge Freunde. Jedenfalls muss es wohl so gewesen sein, denn genau erinnere ich mich nicht mehr daran, also war die Feier vermutlich unspektakulär.

Wie überhaupt das Älterwerden an sich ein unspektakulärer, weil schleichender Prozess ist. Man selbst bemerkt es am wenigsten. Das eigene Spiegelbild verändert sich ja nicht über Nacht – wohl aber die Fotos im Album. Denn die scheinen permanent jünger zu werden.

„Ich habe ganz vergessen, dass ich einmal so lange Locken hatte!", sagte mein Mann neulich, als wir beim Aufräumen auf eine Kiste mit alten Fotos stießen. „Da war ich allerhöchstens siebzehn!"

„Nein, mein Lieber, da waren wir schon verheiratet!"

Er staunte nicht schlecht. „Aber ich hab doch nicht mit siebzehn geheiratet!"

„Natürlich nicht. Auf diesem Foto warst du schon fast dreißig", klärte ich ihn auf.

„Also ein junger Hüpfer", seufzte er.

„Sozusagen. Aber weißt du nicht mehr, wie du damals gejammert hast? Von wegen, mit dreißig fangen die Reparaturen an und so."

Er musste zugeben, sich zu erinnern. Und damals die Lage völlig falsch eingeschätzt zu haben.

„Schließlich bin ich ja immer noch jung!", sagte er.

„Absolut."

„Oder findest du nicht, dass ich jung aussehe für einen Mann von sechsundfünfzig?"

„Total jung. Allerdings muss ich dich enttäuschen: Du bist schon siebenundfünfzig."

„Ernsthaft? Seit wann denn das?"

„Seit deinem letzten Geburtstag natürlich. Du erinnerst dich – dieses Fest, an dem es Kuchen, Kerzen und Geschenke gab."

Das musste er nun erst mal verdauen.

Plötzlich runzelte er die Stirn. „Aber das heißt ja, dass ich in vier Jahren schon sechzig werde!!!"

„Nein, mein Schatz", erwiderte ich grinsend, denn dieses Gespräch hatten wir inzwischen schon so oft geführt, dass es eher ein Running Gag war als eine echte Meinungsverschiedenheit. „In drei Jahren."

„Dann bin ich endgültig ein alter Sack!", rief er aus.

„Bist du nicht. Und glaub mir: In dreißig Jahren, wenn dein neunzigster Geburtstag bevorsteht, werde ich dich an dieses Gespräch erinnern. Und du wirst darüber lachen, wie jung und ahnungslos du mit Ende fünfzig warst."

„Gute Idee", sagt er. „Und weißt du was? Wenn ich mir das so vorstelle, komme ich mir gleich viel jünger vor. Allerhöchstens wie ... vierundfünfzig. So wie du."

„Ich bin aber schon fünfundfünfzig."

„Echt? Seit wann denn das?"

HAT ER ODER HAT ER NICHT?

♥

Ich liebe diesen wunderbaren Schwebezustand zwischen schlafen und aufwachen. Beim Zu-mir-Kommen lasse ich mir Zeit, und ich genieße diese herrliche Trägheit, die Wärme des Bettes und das Wissen, dass ich es nicht eilig habe. Die zahlreichen Aufgaben, die heute vor mir liegen, werden schon nicht davonlaufen, auch wenn ich mich noch einmal umdrehe …

Das Bett neben mir ist schon leer, wie ich ertaste. Mein Mann ist nun mal ein Frühaufsteher. Bestimmt hat er schon fünf Tassen Kaffee intus.

Da geht die Tür auf, er kommt näher, beugt sich über mich und streichelt mir über das verwuschelte Haar. Offenbar will er sich von mir verabschieden. Mir fällt ein, dass er heute früh arbeiten geht, was super ist, denn das bedeutet, dass er auch früh nach Hause zurückkehrt und wir noch richtig was vom Tag haben.

Jetzt küsst er mich auf die Stirn, dann nähert sich sein Mund meinem Ohr und er flüstert zärtlich: „Er hat geschissen!"

Und bevor du nun glaubst, er rede von sich selbst in der dritten Person, musst du wissen, wer *er* ist: nämlich Luke, unser uralter Border Collie. Seit fast sechzehn Jahren gehört er nun zur Familie, und in dieser Zeit ist das morgendliche Verdauungs-Update bei uns quasi zum geflügelten Wort geworden. Schließlich muss ich ja wissen, ob der Hund nachher dringend raus muss oder ob das Zeit hat.

Es ist ein echtes Phänomen, wie gern und ausführlich mein Mann über Größe, Form und Konsistenz von Lukes Ausscheidungen spricht. Sehr gern liefert er den diesbezüglichen, ausführlichen Statusbericht auch während unserer Mahlzeiten.

„Zwei schöne, glatte Würste, ungefähr daumenlang", referiert er munter, während er sich ein Stück Pizza absäbelt. „Und irgendwie marmoriert, du weißt schon, so braun-orange. Hast du ihm gestern eine Karotte gegeben? Das sieht man eindeutig!"

Zum Glück bin ich nicht empfindlich …

Übrigens ganz im Gegensatz zu meinem Mann. Der ist nämlich superempfindlich. Zwar kann er über die Hundehaufen ausführlich plaudern, doch die Hinterlassenschaften mithilfe eines Kacksäckchens zu entfernen, das schafft er nur mit allergrößter Überwindung – und nicht ohne furchtbare Grimassen.

Früher war das kein Problem. Luke konnte es sich verkneifen, bis wir in der Natur waren. Dann suchte er sich einen Platz im dichten Gestrüpp, der ein bisschen Sichtschutz und Privatsphäre bot, um sein Geschäft zu erledigen, und dort konnten seine Hinterlassenschaften einfach liegen bleiben. Sie störten niemanden, im Gegenteil – sie boten Mistkäfern, Schmeißfliegen & Co. ein herrliches Mahl.

Inzwischen ist der treue Vierbeiner ein bisschen tüttelig und schafft es oft nicht mehr bis zum Feldweg, sodass es durchaus vorkommen kann, dass er sich einfach irgendwo erleichtert. Und sei es in der Garageneinfahrt unseres Nachbarn zur Rechten oder auf dem Bürgersteig direkt vor der Haustür unserer Nachbarn von schräg gegenüber. Wo der Haufen – egal ob herrlich marmoriert oder nicht – nun mal nicht liegen bleiben kann.

Für mich stellt das kein Problem dar. Ich stecke meine Hand in das Tütchen, greife nach dem Haufen, stülpe die Tüte um, knote sie zu und entsorge sie im Mülleimer. Fertig.

Nun bin ich aber bei den meisten frühen Gassirunden nicht dabei, weil ich – wie erwähnt – noch im Bett liege. Was nun meinen Mann vor ein Riesenproblem stellt: Er muss selber ran!

Du hättest ihn früher mal erleben sollen, als er sich noch standhaft weigerte, ein (unbenutztes!) Hundekacksäckchen auch nur anzufassen. Ja, es genügte sogar, wenn ich damit herumwedelte, schon wurde er ganz blass im Gesicht und musste sich fast übergeben.

Kennst du die Videos auf YouTube, in denen tollkühne junge Männer die Surströmming-Mutprobe machen? Du weißt schon, dieser vergorene Fisch, der in Skandinavien als Delikatesse gilt und der schon so widerlich riecht, dass es einem den Magen umdreht … Ungefähr so, wie diese draufgängerischen Jugendlichen sich in würgende Wichte verwandeln, sobald eine Surströmming-Dose geöffnet wird, so verhielt sich mein Mann, wenn er das Säckchen sah.

Inzwischen ist er schon einen enormen Schritt weiter. Er schafft es tatsächlich, Lukes Ausscheidungen zu entsorgen. Allerdings reicht so ein dünnes Tütchen nicht aus, um genügend Abstand zwischen seine Hand und den Hundehaufen zu bringen. Zusätzlich trägt er noch Einmalhandschuhe, außerdem legt er mindestens fünf Blatt Küchenrollenpapier darauf und füllt das Ganze, kaum dass es eingetütet ist, sofort um in einen großen Müllsack. Und am besten diesen noch in einen weiteren.

Währenddessen wagt er kaum zu atmen und verzieht das Gesicht, als hätte er gerade in eine Zitrone gebissen. Wobei – nein, wenn er in eine Zitrone beißt, guckt er definitiv entspannter …

Es ist und bleibt mir ein Rätsel, wie jemand bei ein und demselben Thema so unterschiedlich reagieren kann.

„Übrigens habe ich heute nur drei Blatt Papier gebraucht und hatte keine zusätzlichen Handschuhe dabei", verkündet er beim Abendessen stolz.

„Und das hast du überlebt?"

„Gerade so. Aber ich musste den Haufen ja wegmachen, er lag direkt vor der Tür von Müllers. Außerdem haben uns mindestens sieben Autofahrer beobachtet, da konnte ich unmöglich einfach weitergehen", berichtet er, während er nachdenklich die belegten Brote betrachtet, die er für uns gezaubert hat. Liebevoll dekoriert mit Eierscheibchen und aufgeschnittenen Gürkchen. Er wählt eins mit Camembert.

„Na ja, zum Glück war es kein Durchfall", sagt er, bevor er herzhaft hineinbeißt.

Ja, das ist wahrhaftig ein großes Glück. Genauso wie die Tatsache, dass es heute Abend keine Rindswürstchen gibt und auch keine Hackfleischsauce.

„Wuff!", macht Luke bestätigend.

Ich muss lachen und stehe auf, um ihm ein paar Leckerli zu geben. In seinem Alter und bei seiner schmalen Statur muss man wahrlich nicht mehr aufpassen, dass der tattrige Vierbeiner sein Gewicht hält. Wir können ihn nach Herzenslust verwöhnen!

„Aber gib ihm nicht zu viel", bremst mich mein Mann. „Du weißt schon – sonst kackt er bloß umso mehr."

Und für einen ganz kurzen Moment entgleisen ihm dabei die Gesichtszüge. Dann strahlt er wieder. „Auch noch ein Brot mit Gürkchen?"

DAS MÄNNER-MACKEN-BULLSHIT-BINGO

Du kennst sie sicher alle, die typischen Männer-Macken: Sie hören nicht zu, können keine Fehler zugeben und sind nicht ansprechbar, sobald ein Länderspiel läuft. Oder Bundesliga. Oder das Pokalfinale ...

Und wenn ein Mann verspricht, etwas zu reparieren, wird er das irgendwann auch tun – du musst ihn also nicht Monat für Monat daran erinnern!

Kennst du? Dann dürften dir auch die folgenden Sprüche bekannt vorkommen. Kreuze alle an, die du auch schon von deinem Partner gehört hast. Und wenn du eine Reihe voll hast: BINGO!

Ach was, ich muss doch nicht nach dem Weg fragen	Schatz, ich glaub, ich hab Fieber. Ruf lieber mal den Notarzt	Fast so gut wie der Kartoffelsalat meiner Mutter	Hast du was gesagt?
Dazu brauchen wir doch keinen Handwerker, das kann ich ja wohl selbst	Woran ich denke? An gar nichts!	Das ist kein Elektroschrott, das kann ich vielleicht noch mal gebrauchen!	Ich kann eben kein Multitasking
Schatz, riech mal, kann ich das Hemd noch mal anziehen?	Die Kohlensäure musste einfach raus! Du willst doch nicht, dass ich leide ...	Anleitung? Das Regal kann ich auch ohne aufbauen!	Also wegen diesem Familienfest ... Können wir da nicht absagen?
Klar hab ich an unseren Jahrestag gedacht! Ehrlich!	Dunkelblau? Nö, das ist mir viel zu bunt!	Nein, die kann nicht weg, das ist doch meine Lieblingslederjacke!	Das hab ich echt toll gemacht!

Okay, natürlich sind das Klischees. Mein Mann zum Beispiel erfüllt nur einen winzigen Teil davon. Stattdessen hat er ein ganz eigenes Repertoire an Wunderlichkeiten. Vermutlich hat das jeder (und zugegebenermaßen auch jede) von uns ...

Aber mal ehrlich: Wie viele Frauen kennst du, die nach dem Pinkeln die Klobrille nicht runterklappen, Bartstoppeln im Waschbecken liegen lassen und sich trotz offensichtlicher Ahnungslosigkeit für ein Technikgenie halten?

Meine Erfahrung: Macken jeglicher Art lassen sich mit Humor am besten ertragen. Und es steht ja jedem frei, ein Bullshit-Bingo über uns Frauen zu erstellen ...

TEIL 5

KOMMUNIKATION FÜR FORT-GESCHRITTENE

ZU HILFE, **EIN ERKLÄRBÄR**!

♥

Mansplaining nervt. Wenn Männer Frauen Dinge erklären, die diese eigentlich besser wissen, ist das herablassend und sexistisch und das Gegenteil von einer Kommunikation auf Augenhöhe. Beim Mansplaining wird Macht ausgeübt – durch Männer.

„So was würde ich nie tun!", beteuerte mein Mann, als ich ihm davon erzählte. „Ich bin Feminist!" Und dann begann er, mir den Begriff Mansplaining zu erklären – von dem er gerade erst wenige Sekunden zuvor zum ersten Mal im Leben gehört hatte. Und zwar von mir.

Als ich ihn dann darauf hinwies, was er da gerade tat, war er verblüfft. „Aber das ist doch was ganz anderes", behauptete er.

Hm. Irgendwie muss er wohl recht haben. Denn mein Mann ist tatsächlich ein Feminist. Auf jeden Fall ist er das Gegenteil eines Machos. Er würde nie Gewalt gegenüber Frauen ausüben, weder mit Taten noch mit Worten.

Dennoch ist er ein unverbesserlicher Erklärbär.

Nicht selten erklärt er mir in aller Ausführlichkeit Dinge, die er kurz zuvor von mir erfahren hat. Oder die mit meiner Arbeit zu tun haben und von denen er definitiv weniger Ahnung hat als ich. Was er auch offen zugibt.

Was also ist die Ursache seiner Erklärbäritis?

Am wahrscheinlichsten ist es, dass das, was bei mir als Erklärungsversuch seinerseits ankommt, in Wahrheit eine Frage ist. Die rein formal bloß nicht als solche zu erkennen ist.

Was er sagt, ist: „Das verhält sich folgendermaßen ...“

Was er meint, ist: „Könnte es sein, dass sich das folgendermaßen verhält? Hab ich das richtig verstanden? Was meinst du dazu?“

Zugegeben, ich habe ein paar Jahrzehnte gebraucht, um das zu begreifen. Und das, obwohl ich Linguistik studiert und mich dabei intensiv mit Gesprächsanalysen befasst habe.

Im Grunde ist es beim Pseudo-Mansplaining meines Liebsten so ähnlich wie bei Wegauskünften. Denn die funktionieren so: Egal, wen du fragst, er wird dir den Weg anhand von Fixpunkten beschreiben (an der Kirche links, an der Ampel vorbei, gegenüber vom Rathaus einbiegen). Und egal, wie nachdrücklich du anschließend beteuerst, dass du diese Beschreibung verstanden hast und den Weg nun garantiert finden wirst, er wird sich wiederholen. Nicht deinetwegen, sondern um sich selbst zu versichern, dass das alles so stimmt.

Berichte ich also meinem Mann von einem Sachverhalt, dann erklärt er ihn mir anschließend nicht deshalb, weil er vergessen hat, dass ich das alles schon vor ihm wusste und er diese Information überhaupt nur mir zu verdanken hat, sondern um sich das Ganze besser einzuprägen.

Und wenn er mir von einem gemeinsamen Urlaubserlebnis so erzählt, als wäre ich gar nicht dabei gewesen, müsste ich im Grunde nicht allergisch darauf reagieren und rufen: „Hör auf, mir mein eigenes Leben zu erzählen!“ – Denn eigentlich möchte er nichts weiter tun, als gemeinsam mit mir in Erinnerungen zu schwelgen.

Ich weiß das alles. Trotzdem macht mich auch nur der Verdacht von Mansplaining irgendwie … nervös.

Und es gibt da noch eine weitere Theorie. Eigentlich weniger eine Theorie, eher eine Tatsache. Denn manchmal, wenn mein Mann etwas erklärbärt, dann weiß er es tatsächlich besser. Was daran stört, ist höchstens, dass er seine Vorträge vollkommen ungebeten hält, teilweise auch vor wildfremden Menschen.

„Heute früh habe ich beim Gassigehen wieder diese junge Frau mit dem Labrador getroffen", erzählte er neulich. „Es war noch stockfinster, und sie hatte nicht mal eine Taschenlampe dabei. Ich hab ihr empfohlen, künftig eine mitzunehmen."

Er hatte die junge Frau sogar mehrmals darauf hingewiesen, bevor er feststellte, dass sie Amerikanerin ist und ihn überhaupt nicht verstand.

Sehr gern ruft er auch Radfahrern, die auf dem Bürgersteig fahren, hinterher, dass das bloß für Kinder bis zehn Jahre erlaubt ist.

Und im Supermarkt macht er das Personal aufmerksam, wenn Joghurt oder Käse das Mindesthaltbarkeitsdatum überschritten haben. „Sie sollten das wegräumen. Wenn die Gewerbeaufsicht kommt, gibt's Ärger."

Nicht zu vergessen die Erklärbäritis in Coronazeiten („Abstand!!!").

Okay, ich gebe es zu – in gewisser Hinsicht bin gar nicht so viel anders. Wenn ich tatsächlich etwas besser weiß, kann ich mich auch nicht bremsen. Betrete ich beispielsweise einen Laden, an dessen Tür „Herzlich Willkommen" steht, muss ich mich lautstark darüber mokieren, dass „willkommen" eigentlich kleingeschrieben werden müsste.

Und von all den Rechtschreibfehlern auf Speisekarten ganz zu schweigen. (Toast Hawai! Barbeque! Schilly con Carne!) Meinem Mann ist das manchmal peinlich. Aber das ist dann eben meine Rache …

Übrigens färben unsere Macken inzwischen aufeinander ab. Das ist nach über dreißig Jahren Ehe wohl unvermeidlich. Neulich im Restaurant hätte ich um ein Haar die Bedienung auf ihre umständliche Arbeitsorganisation hingewiesen („Keine leeren Wege!"), während mein Mann die Speisekarte durchblätterte.

„Guck mal, da steht Baquette statt Baguette", sagte er. „Da hat wohl niemand Korrektur gelesen."

Dabei wäre das eigentlich mein Text gewesen.

WAS HEISST HIER MANSPLAINING?

Den Begriff Mansplaining kennt man, seit die Schriftstellerin Rebecca Solnit das Phänomen vor ein paar Jahren in einem Essay mit dem Titel *Men Explain Things to Me* beschrieb. Darin schildert sie unter anderem das Gespräch mit einem Erklärbär, der ihr auf einer Party einen Vortrag über ihr eigenes Buch hielt. Das er noch nicht mal gelesen hatte, er kannte bloß eine Rezension. Und ihm war auch nicht klar, dass er gerade die Autorin vor sich hatte. Obwohl er darauf hingewiesen wurde. Mehrfach …

WO WILLST DU SITZEN, SCHATZ?

♥

Unser Wohnzimmer ist ziemlich klein, dafür umso behaglicher. Es bietet gerade mal genug Platz für einen Kaminofen, einen kleinen Tisch, eine Vitrine, eine als Fernsehschrank umfunktionierte alte Kommode, ein Ecksofa und einen Sessel.

Man sollte doch denken, es wäre kein Problem für zwei Menschen, die sich nahestehen, es sich hier gemeinsam gemütlich zu machen. Doch das ist einfacher gesagt als getan!

Wenn ich allein im Wohnzimmer bin, belagere ich natürlich das Sofa. Meistens will ich dann lesen und brauche das helle Licht der Stehlampe, die in der Ecke steht. Oder ich schaue mir eine Netflix-Serie an, und das ist ebenfalls auf dem Sofa am bequemsten, denn dabei kann ich schön die Beine hochlegen und habe perfekte Sicht auf den Bildschirm.

Ruht sich mein Mann einmal von seinen vielen anstrengenden Aktivitäten aus, dann legt auch er sich am liebsten auf das Sofa, und zwar über Eck. Er kuschelt sich dort quasi L-förmig in eine Decke ein. Schon abenteuerlich, wie er es schafft, ganz allein vier Sitzplätze zu belegen, aber egal, es ist ja sonst keiner da.

Befinden wir uns aber gemeinsam im Wohnzimmer, ist gar nichts mehr einfach. Denn dann ist die Frage zu klären: Wer darf auf die Couch? Oder anders formuliert: Wer muss auf den Sessel? Denn wenn wir uns das Sofa teilen und die Füße hochlegen wollen, kommen sich unsere Beine ins Gehege (und Käsefüße auf dem Tisch ablegen, das geht ja gar nicht!).

Nun ist es allerdings nicht so, dass wir jeweils um den besseren Platz kämpfen würden, sondern umgekehrt. Und das spielt sich im Normalfall ungefähr so ab:

VARIANTE 1: ICH WAR VORHER DA UND BELEGE DEN SESSEL

Er: „Schatz, willst du nicht lieber auf die Couch?"

Ich: „Dann hätte ich mich doch gleich dorthin gesetzt."

Er: „Bist du sicher?"

Ich: „Ich werde ja wohl wissen, wo ich sitzen möchte."

Er: „Aber hier würdest du doch besser sitzen!"

Ich: „Vertrau mir, wenn ich tauschen möchte, melde ich mich. Ist ja nicht so, als wäre ich irgendwie gehemmt!"

Er: „Ganz ehrlich?"

Ich: „Darauf kannst du wetten!"

Tja, und das tue ich dann auch hin und wieder, damit er mir glaubt. Tatsächlich weiß ich, dass er mir zuliebe jederzeit auf Komfort verzichten würde, nur damit ich es bequem habe. Dabei arbeitet er doch körperlich viel härter als ich und hat den schönen Sofaplatz mehr als verdient. Deshalb ist es schade, dass diese Variante nur selten vorkommt, denn meistens ist er vor mir im Wohnzimmer, weil ich „noch schnell ein Kapitel zu Ende schreiben" muss ... Und dann hört sich der abendliche Dialog folgendermaßen an:

VARIANTE 2: ER WAR VORHER DA UND
BELEGT DEN SESSEL

Er: „Hallo Schatz, komm, setz dich auf die Couch."

Ich: „Aber willst du denn nicht mal dort sitzen?"

Er: „Nö, der Sessel ist okay."

Ich: „Okay ist aber nicht super. Ich nehm gern den Sessel. Dann kannst du mal die Beine hochlegen. Denk an deine Venen."

Er: „Ich kann mir einen Klappstuhl davorstellen, das geht schon."

Ich: „Das ist doch Unsinn, ich tausche gern mit dir."

Er: „Vielleicht später."

Ich: „Du musst es ehrlich sagen."

Er: „Ja, klar."

Was so viel heißt wie: „Eher beiße ich mir die Zunge ab." Während ich aus Gründen der Glaubwürdigkeit hin und wieder darum bitte, dass er den Sofaplatz für mich freimacht, tut er das niemals. So ist er nun mal. Ein Goldstück!

Was unsere Kommunikation betrifft, ist seine Großzügigkeit allerdings ein Dilemma. Denn mit schlechtem Gewissen lässt sich selbst der gemütlichste Platz der Welt nicht so richtig genießen.

Na gut – da er den Sessel nicht freiwillig räumt, muss ich zu der ein oder anderen List greifen. Und das geht so:

DAS WER-AUFSTEHT-IST-SELBER-
SCHULD-MANÖVER

Das ist ein ganz simpler Kniff. Ich muss nur warten, bis mein Mann aufsteht – beispielsweise um sich was zu trinken zu holen oder den Hund noch mal kurz rauszulassen. Kaum ist er weg, springe ich auf und belege den Sessel. Kommt er zurück, wiederholt sich natürlich Dialog eins, doch ich bleibe hart-näckig. Er ist zwar Steinbock, aber ich kann auch stur sein! Außerdem gilt, wie jedes Kind weiß, die Regel: weggegangen, Platz vergangen.

DER ICH-BRAUCHE-PLATZ-ZUM-TURNEN-TRICK

Steht er nicht freiwillig auf, muss ich eben nachhelfen. Ich schleppe meine Yogamatte heran und behaupte, dringend ein paar Cantienica- und Stretch-Übungen machen zu müssen, weil mein Rücken mich sonst umbringt. Was auch meistens stimmt. Der einzige Platz im Wohnzimmer, an dem ich die Matte ausbreiten kann, ist dort, wo der Sessel steht. So muss mein Mann also zwangsläufig zur Couch wechseln, damit ich den Sessel wegschieben kann. Und er braucht gar nicht zu hoffen, dass ich nach einer Viertelstunde aufgebe! Nein, die Dehnungen sind ja umso effektiver, je länger man sie hält …

DER SCHAU-MAL-WIE-SCHÖN-DER-MOND-AUSSIEHT-SCHACHZUG

Bei besonders klarem Himmel kann ich meinen Mann mit diesem Argument leicht zum Fenster oder gar nach draußen locken. Er liebt es, spektakuläre Fotos vom Mond zu machen, und seine Kamera ist mit einem beeindruckenden Teleobjektiv ausgestattet, das sich schließlich auch lohnen muss. Wäre doch schade, wenn es nie zum Einsatz käme, oder? Anschließend muss er dann die Fotos von der Digitalkamera aufs Handy ziehen, um dann die schönsten Motive auf Instagram posten zu können. Dabei ist er so vertieft, dass er gar nicht merkt, wo er gerade sitzt – nämlich auf der Couch.

Natürlich kann man diese Maschen nur hin und wieder anwenden, sonst nutzen sie sich ab und werden zu schnell durchschaut.

Wir brauchen also eine langfristige Lösung.

Ich weiß auch schon eine: Ein neuer Sessel muss her! Und zwar der schönste und bequemste, den es gibt. Einen, der den gemütlichen Platz auf dem Sofa regelrecht zweitklassig erscheinen lässt.

Wobei – hm, dann werden vermutlich unsere Schatz-wo-willst-du-sitzen-Gespräche wieder genauso ablaufen wie vorher – bloß umgekehrt. Ein echtes Dilemma! Aber immerhin ein unerschöpflicher Quell allabendlicher Dialoge.

DIE **FREIHEIT,**
SELBST ZU **DENKEN**

♥

„Tsss", stößt mein Mann empört hervor. „Das gibt's ja wohl nicht. Also echt ..."

Wir sitzen uns am Esstisch gegenüber. Ich mache gerade eine Kaffeepause und überlege, welches Kapitel ich als nächstes angehen könnte.

Mein Mann hat seine Tasse schon geleert und daddelt auf seinem Handy herum. Vermutlich ereifert er sich gerade über irgendwelche Nachrichten. Aus Erfahrung weiß ich, dass er gar nicht anders kann, als das Gelesene laut zu kommentieren. Was aber noch lange nicht bedeutet, dass er sich mit mir darüber unterhalten möchte.

Statt darauf zu reagieren, hänge ich also weiter meinen Gedanken nach. Vielleicht schreibe ich über die Sache mit dem Gartenhäuschen? Oder über seinen Mützentick? Oder das Einpark-Dilemma. Oder ...

„Hast du das etwa nicht mitbekommen?", wendet er sich nun direkt an mich.

Ich verzichte auf den Hinweis, dass ich allergisch auf verneinte Fragen bin (am schlimmsten ist: „Hast du etwa keinen Hunger?") und konzentriere mich auf das Hauptproblem seiner Aussage: Nämlich, dass ich offenbar ahnen soll, worum es gerade geht.

„*Waaas* mitbekommen?", frage ich zurück.

Theoretisch könnte es um das Wetter von morgen gehen oder um einen spektakulären Bundesliga-Transfer oder um eine haarsträubende Äußerung des Ex-Präsidenten Trump oder einen neuen Corona-Hotspot – im Grunde ist alles möglich. Nur eins nicht: Dass ich nämlich über Nacht gelernt habe, Gedanken zu lesen.

„Echt, du hast nichts davon gehört? Krass!" Er staunt offenbar ernsthaft über meine Unwissenheit.

Ich werde langsam ungeduldig. „Woher soll ich denn ahnen, was du gerade liest?"

Er geht mit keiner Silbe auf meinen Einwand ein. Stattdessen fängt er an, das Ereignis – was auch immer es sein mag – zu kommentieren.

„Das eine absolute eine Unverschämtheit", sagt er und fährt fort, sich wortreich über ein Thema zu ereifern, das ich nach wie vor nicht kenne.

Dieses Gespräch spielt sich so oder ähnlich fast täglich bei uns ab. Mal bezeichnet er das, worum es geht, als unverschämt, mal als urkomisch, als furchtbar oder sensationell, doch so sehr ich mich auch anstrenge, ich kann leider nicht darauf schließen, worum es geht.

„Ich kann doch nicht in deinen Kopf schauen oder durch die Rückseite deines Handys hindurch", sage ich. „Es wäre also nett, wenn du mir *erst* das Thema nennst und *anschließend* darüber philosophierst. Dann hätte ich nämlich die Chance, dich zu verstehen."

Netter kann man das gar nicht sagen, findest du? Und du glaubst, das muss er jetzt doch einsehen?

Oh, da kennst du meinen Mann aber schlecht …

„Ich gebe dir noch etwas viel Besseres als die Chance, mich zu verstehen", verkündet er. „Nämlich die Freiheit, selbst zu denken!"

Und schwupps bin ich sprachlos. Aber wenigstens weiß ich jetzt genau, worüber ich dringend schreiben sollte.

Die Freiheit, selbst zu denken, nimmt mein Mann übrigens für sich selbst sehr gern in Anspruch.

Ich sage: „Übrigens kommt heute …"

Und er ergänzt: „Ich weiß, ein Champions-League-Spiel."

Eigentlich meinte ich ein DHL-Paket, aber was spielt das schon für eine Rolle?

Ich sage: „Wenn du nachher einkaufen fährst …"

Doch bevor ich ihn darum bitten kann, bei der Gelegenheit einen Brief für mich zur Post zu bringen, beendet er meinen Satz mit: „Ja, klar, dann kaufe ich auch Brot."

Ich sage: „Vorhin hat …"

Und er grätscht rein mit: „Deine Mutter hat angerufen? Hast du liebe Grüße gesagt?"

Hätte ich sicher, wenn ich mit ihr gesprochen hätte. Aber nein, eigentlich hat vorhin nur das Licht in der Küche geflackert. Man müsste mal eine neue Birne reindrehen.

Die berühmte Gedankenfreiheit nimmt sich mein Mann auch gern bei Gesellschaftsspielen, wenn er sich nicht an die Regeln erinnert und einfach neue erfindet.

„Ich nehme einen Joker", verkündet er, wenn er eigentlich einen Begriff pantomimisch darstellen soll.

„Wo ist der Würfel?", fragt er bei Stadt-Land-Fluss.

„Ha! Ich habe einen Trumpf", freut er sich beim Kartenspiel.

„Hast du denn kein Karo mehr?", frage ich dann.

„Doch, warum?"

„Weil du dann bekennen musst."

„Das finde ich aber blöd."

„So geht aber das Spiel."

„Das sehe ich überhaupt nicht ein."

„Aber die Regeln sind nun mal so."

„Wer sich die ausgedacht hat, war doof. Wie soll ich dann gewinnen? Nein, ich mach das lieber so."

„Dann musst du dich nicht wundern, wenn niemand mehr mit dir Karten spielen will."

„Aber du wolltest doch!"

Seufz.

Manchmal funktioniert unsere Kommunikation aber auch fast ohne Worte.

„Du, ich hab eine Idee", sage ich.

Er nickt. „Find ich gut."

„Aber du weißt doch gar nicht, was ich meine."

„Wie kannst du da so sicher sein?"

„Was denkst du denn, was ich vorschlagen wollte?"

„Na, dass wir einen Spaziergang zur Eisdiele machen", erwidert er, als wäre es die größte Selbstverständlichkeit der Welt, dass er mir meine Wünsche von den Augen ablesen kann.

Vielleicht ist das der Grund, warum er von mir erwartet, dass ich seine Gedanken errate? Weil er es nämlich umgekehrt kann. Meistens jedenfalls …

DIE SACHE MIT DEM **ZUHÖREN**

♥

Klischees sind Vorurteile, die stimmen – findest du nicht? Und dass die Kommunikation mit Männern, vor allem mit Ehemännern, kompliziert sein kann, wird wohl kaum eine Frau bestreiten.

Warum Gespräche mit meinem Liebsten immer wieder eine ganz besondere Herausforderung sind? Nun, dafür gibt es viele Gründe ...

„ACH, DU REDEST MIT MIR???"

Es stimmt. Männer hören einfach nicht zu. Jedenfalls nicht immer. Irgendwie schaffen sie es, dermaßen konsequent abzuschalten, dass sie überhaupt nicht merken, wenn sich jemand mit ihnen unterhält. Und das passierte in unserem Fall nicht erst nach dreißig Ehejahren, sondern schon nach wenigen Monaten.

Unsere damalige Wohnung war so klein, dass wir nie mehr als fünf Meter Abstand voneinander hatten. Ich weiß noch, wie ich meinem Mann einmal eine besonders lustige Begebenheit erzählte, und das in allen Details, doch er reagierte einfach nicht. Kein bisschen! Nicht mal mit einem automatisch dahingemurmelten „Hm", das mir wenigstens signalisiert hätte: „Ja, mein Schatz, ich bin ganz Ohr, red ruhig weiter, alles ist gut."

Also unterbrach ich meinen Redeschwall, rückte noch einen halben Meter näher an ihn heran, wedelte mit beiden Händen vor seinem Gesicht herum und rief: „Hallo, aufwachen, ich rede mit dir!"

Woraufhin er allen Ernstes antwortete: „Ich dachte, du telefonierst."

Ja, genau. So hab ich damals auch geguckt.

„OH, BABY …"

Wenn er nicht auf mich reagiert, bedeutet das allerdings nicht unbedingt, dass er mich ignoriert. Manchmal kann er mich auch einfach nicht hören. Weil er nämlich Kopfhörer in den Ohren hat!

Mein Mann hört ständig Musik. Nicht nur beim Joggen, sondern auch beim Herumwerkeln, Aufräumen und Gärtnern.

Ich teile diese Angewohnheit nicht. Deshalb denke ich nie an diese Möglichkeit und wundere mich, warum ich mir die Seele aus dem Leib rufen kann, während er bloß fröhlich vor sich hin pfeift und trällert. (Das klingt dann wie eine Mischung aus Loriots Kunstpfeifer und dem Vater von Michel aus Lönneberga, kurz bevor er mit dem großen Zeh in die Rattenfalle tritt.)

Erst, wenn er anfängt, mitzusingen, wird mir klar, was los ist. Also zumindest, warum er nicht antwortet. Welches Lied er da gerade hört, ist nicht ganz so leicht zu erraten …

„WER IST SCHWANGER?"

Eine besonders anstrengende Variante des Nichtzuhörens ist das Intervallzuhören. Wenn wir zum Beispiel Besuch haben und uns unterhalten, kommt es durchaus vor, dass mein

Mann sich zwischendurch minutenlang ausklinkt. Was man ihm nicht unbedingt ansieht. Man merkt es erst daran, dass er auf irgendein Stichwort hin plötzlich wieder da ist und dann eine Zwischenfrage stellt („Wer ist schwanger?"), die darauf schließen lässt, dass er von all dem bisher Gesagten kein bisschen mitbekommen hat. Man müsste also das komplette Gespräch für ihn wiederholen oder wenigstens zusammenfassen, um seine Frage sinnvoll beantworten zu können. Wobei die Chance recht groß ist, dass er sich dabei dann auch wieder ausklinken würde. Also sagt man einfach: „Niemand."

„ERZÄHL DOCH MAL ..."

Wenn ich zu Lesungen, Buchmessen oder Workshops fahre, nehme ich am liebsten den Zug. Ich freue mich darauf, dass mein Mann mich bei meiner Rückkehr vom Bahnhof abholt. Dann möchte ich am liebsten lossprudeln und ihm alles erzählen, was ich unterwegs erlebt habe.

Doch bevor ich zu Wort komme, schildert zunächst einmal er mir in aller Ausführlichkeit seinen eigenen Tagesablauf während meiner Abwesenheit. Wann er morgens aufgewacht ist, was er gefrühstückt hat, wann der Hund sein Geschäft erledigt hat ... Ich erfahre jedes Detail und freue mich natürlich auf das Abendessen, das er für mich vorbereitet hat, und das frisch bezogene Bett und den sauber geputzten Boden. Mein Mann ist ja immer sehr fleißig, aber wenn ich verreist bin, wird er zum Arbeitsmonster! Dann schuftet er von früh bis spät. Ist ja logisch, dass er danach Redebedarf hat ...

Meistens sind wir schon fast zu Hause, wenn er endlich auf die Idee kommt, mich nach meinen Erlebnissen in Frankfurt, Leipzig oder wo ich sonst gerade war zu fragen. Aber er wird schon besser: Neulich wollte er gerade wieder loslegen mit seinem Tätigkeitsbericht, als er sich selbst unterbrach: „Ach so, ja, und wie war es bei dir so?" Das erstaunte mich dermaßen, dass ich erst einmal sprachlos war. Wer rechnet denn mit so was?!

„HALLOOOOOOOO"

Eben noch saßen wir gemütlich beim Essen zusammen und haben einträchtig geschwiegen. Doch kaum bin ich wieder am Schreibtisch, fällt ihm garantiert etwas ein, was er dringend erzählen muss. Und statt dann zu mir zu kommen, brüllt er sein Anliegen quer durchs Haus.

„Muss das sein?", seufze ich dann. Dabei war mir gerade eine besonders gelungene Formulierung eingefallen.

„Du bist aber auch unspontan", findet er.

Manchmal sehne ich mich nach einer schalldichten Bürotür und einem roten Lämpchen davor. „Achtung, Autorin denkt gerade. Bitte nicht ansprechen!"

„..."

Was mein Mann einfach nicht begreifen will, ist die Tatsache, dass eine Frage nichts weiter ist als eine Bitte um Antwort.

„Bleibst du so angezogen?" bedeutet also keineswegs zwangsläufig: „Was hast du denn da für Lumpen an? Zieh dich sofort um, sonst schäme ich mich neben dir."

Würde er wenigstens nachfragen („Wieso, findest du das, was ich anhabe, so übel?"), hätte ich zumindest die Chance, den Irrtum aufzuklären. Doch stattdessen verschwindet mein Liebster einfach im Schlafzimmer, um sich umzukleiden. Statt einer Antwort.

Ähnlich die Situation, wenn ich das Wohnzimmer betrete, in dem er es sich vor dem Fernseher gemütlich gemacht hat.

Ich frage: „Was guckst du da?" und meine damit einfach nur: „Was guckst du da?"

Doch statt zu antworten, schnappt sich mein Mann die Fernbedienung und schaltet um. Wortlos.

„APROPOS ..."

Die abrupten Themenwechsel meines Mannes sind legendär. Zuweilen unterbricht er sich gleich mehrfach mitten im Satz und vergisst dabei völlig, was er ursprünglich hatte sagen wollen.

„Werde ich jemals erfahren, worum es vorhin ging?", frage ich manchmal.

„Na, das hab ich doch gesagt."

„Nein, vorher."

„Vor was?"

„Bevor du das Thema gewechselt hast."

„Ich hab doch kein Thema gewechselt! Apropos ..."

Dieses Apropos erfordert von den Zuhörern ein besonders hohes Maß an geistiger Flexibilität. Denn eigentlich suggeriert es ja, das nun Folgende hätte irgendetwas mit dem zuvor Gesagten zu tun. Aber mitnichten! Mein Mann benutzt es auf ganz individuelle Weise. Sein „Apropos" bedeutet vielmehr: „Mir fällt gerade was völlig anderes ein, egal, ich sag's trotzdem."

Oder, wie es bei Monty Python heißt: And now for something completely different.

„GLEICH SCHLAG ICH EINEN VERFLUCHTEN NAGEL IN DIE WAND!"

Mein Mann ist handwerklich nicht unbegabt. Aber er schafft es nicht, auch nur eine Lampe aufzuhängen ohne seinen kommunikativen Dreisatz, bestehend aus: ankündigen, fluchen, sich selbst loben.

Phase eins kann sich richtig lange hinziehen, manchmal über Stunden. Schon oft dachte ich irrtümlich, ein Projekt wäre schon längst abgehakt, dabei hatte er noch nicht einmal angefangen.

„Willst du mir ein schlechtes Gewissen machen, indem du so oft darauf herumreitest, wie fleißig du bist?", fragte ich einmal völlig entnervt.

„Nein. Ich muss mich selbst anfeuern", erklärte er und besänftigte mich damit sofort. Okay. Das klingt logisch.

Wenn er dann loslegt, geht es nicht, ohne zu fluchen. Als ich meinen ansonsten so sanftmütigen Mann zum ersten Mal habe schimpfen hören wie einen Rohrspatz, dachte ich, wir befänden uns in einer schlimmen Ehekrise. Inzwischen weiß ich, dass allgemeines Gemecker einfach nur sein Man-at-Work-Begleitsound ist. Ohne geht leider gar nichts. Muss man eben ignorieren.

Phase drei ist das Eigenlob. Und ich gebe zu, das wäre überflüssig, wenn ich nicht so ignorant wäre. Da putzt und wienert er zum Beispiel mein Auto von innen und außen, saugt es, behandelt die Scheiben mit Anti-Lotus-Effekt … Und was mach ich? Nix. Ich merke es nicht einmal. Ist doch logisch, dass er sich bei so einer Frau hin und wieder selbst ein bisschen loben muss. Tut ja sonst keiner.

„DU FINDEST DAS DOCH AUCH? NEIN, ODER? DOCH?!"

Es hat etwas Louis-de-Funèshaftes („Nein! Doch! Ooh!!!"), wenn mein Mann seine Fragen, die er eigentlich mir stellt, sofort selbst beantwortet. Obwohl ich ja als Gesprächspartnerin zur Verfügung stehe, ihm sogar direkt gegenübersitze, mit bereits geöffnetem Mund, der dann aber wieder zuklappt, weil es fast unmöglich ist, zu Wort zu kommen. Er würde es vermutlich auch schaffen, mit sich selber in einen leidenschaftlichen Streit zu geraten. Was zugegebenermaßen durchaus einen gewissen Unterhaltungswert hätte …

RÄTSEL: WAS HEISST HIER „DINGENS"?

Liebst du Rätsel? Dann hättest du mit meinem Liebsten garantiert viel Spaß. Denn eine Unterhaltung mit ihm wird schnell zum Ratespiel, weil er so gern Platzhalter verwendet. Fällt ihm mal eben ein Wort nicht ein, dann ersetzt er es kurzerhand durch Dingens, Ding, Dingsbums oder Dingsi.

Ich kenne ihn inzwischen gut genug, um meistens richtig zu raten, was er damit meint. (Aber manchmal stelle ich mich auch absichtlich unwissend. Denn ich finde, er könnte sich ruhig ein bisschen mehr Mühe geben ...)

Würdest du ihn auch verstehen? Finde es heraus! Was könnte es bedeuten, wenn mein Mann Dingenssätze sagt?

„Kannst du mir mal bitte den Dingsbums geben?"

A: Flaschenöffner

B: Frischkäse

C: Fön

D: Fahrzeugbrief

„Warte kurz, ich will erst noch dingsen ..."

A: meine Glatze rasieren

B: das Auto volltanken

C: Holz hacken

D: die Pute marinieren

„Mist, jetzt hab ich das Dingsi vergessen!"

A: Ladekabel

B: Medikament

C: Passwort

D: Geschenk

„Ich glaub, wir brauchen eine neue Ding"

A: Fernbedienung

B: Heckenschere

C: Gasflasche

D: Klobrille

„Also das find ich jetzt aber total dingsmäßig!"

A: fantastisch

B: lächerlich

C: aufregend

D: empörend

„Hast du schon von Dingens gehört?"

A: Von dem Trainerrauswurf bei Schalke

B: Von der Sonnenfinsternis

C: Von diesem furchtbaren Attentat

D: Von der Baustelle im Nachbarort

Zugegeben, das ist gar nicht so leicht. Denn – und das ist bereits die Auflösung – jede dieser Antworten könnte theoretisch die richtige sein! Genauso wie zahllose weitere ...

Auf diese Weise wird jede noch so alltägliche Konversation zum reinsten Gehirnjogging. Ist das nicht herrlich?

TEIL 6

EIN MÄNNERLEBEN OHNE APP IST MÖGLICH, ABER SINNLOS

FRAG NICHT NACH **SONNENSCHEIN**!

♥

Es ist eines der beliebtesten und unverfänglichsten aller Gesprächsthemen: das liebe Wetter.

Dabei spielt es heutzutage doch im Alltag eher eine untergeordnete Rolle, ob es nieselt, schneit oder sonnig ist – allenfalls für die Laune ist das wichtig. Oder für die Frage, ob und welche Jacke man zum Spaziergang anziehen soll.

Ganz anders war das zu früheren Zeiten. Wären wir vor hundert Jahren Landwirte oder Seefahrer gewesen, hätte die Sache schon schwieriger ausgesehen. Da hätte man viel dringender wissen müssen, ob ein Sturm droht oder eine Hitzeperiode ansteht, um zu entscheiden, welches Segel man setzen soll und ob man die Pferde von der Weide holen muss. Und wenn ein Unwetter kam, betrachtete man es als Strafe der Götter.

Hätten unsere Vorfahren schon verlässlichere Vorhersagen gehabt, wäre ihr Leben mit Sicherheit um einiges leichter gewesen. Ihnen dagegen blieb nichts anderes übrig, als die Natur zu beobachten. Schon die alten Babylonier entwickelten daraus Wettersprüche, die mit unseren Bauernregeln vergleichbar sind.

Ich persönlich liebe ja Bauernregeln, vor allem die völlig absurden. Zum Beispiel – und hier zitiere ich eine Freundin – „Regen im Mai, April vorbei". Oder „Wenn der Hahn kräht auf dem Mist, ändert sich's Wetter oder es bleibt, wie's ist."

Letzteres stimmt rein statistisch gesehen ohnehin meistens: Wenn man davon ausgeht, dass es morgen so ähnlich wird wie heute, liegt man damit sehr oft richtig. (Vor allem dank des Klimawandels verändern sich Großwetterlagen ja inzwischen noch langsamer als früher.)

Um zu kontrollieren, ob das auch wirklich stimmt, genügt im Grunde ein Blick aus dem Fenster. Und um die Temperatur zu checken, muss man nur zu Testzwecken kurz nach draußen gehen.

Aber natürlich habe ich überhaupt nichts gegen einigermaßen verlässliche Wettervorhersagen am Ende der Tagesschau. Mehr muss ich darüber allerdings nicht wissen.

Ganz anders mein Mann. Der konsultiert mehrmals täglich seine Wetter-Apps. Ja, Plural!

Ich vermeide es tunlichst, ihn darauf anzusprechen, aber so ganz lässt es sich natürlich nicht vermeiden, und kaum kommt das Thema Wetter aufs Tapet, zückt er sein Smartphone …

„Ist es nicht herrlich sonnig heute?", sagte ich neulich beim Frühstück. „Wir sollten am Nachmittag einen Spaziergang machen."

„Aber am besten vor sechzehn Uhr. Da liegt die Regenwahrscheinlichkeit nämlich schon bei fünfundzwanzig Prozent", erwiderte er.

„Na gut. Dann eben am frühen Nachmittag", antwortete ich, und damit war meinerseits genug gesagt.

Nicht so für ihn.

„Und morgen wird es dann kühler. Höchstens elf Grad. Regenwahrscheinlichkeit fünfzig Prozent. Und Wind aus südwestlicher Richtung."

„Na ja, okay, aber heute ist es ja erst mal schön."

„Ah, und meine andere App sagt sogar, dass es noch mal Nachtfrost geben kann. Ab dem Wochenende. Wie gut, dass ich die Winterreifen noch drauf habe."

„Wieso, wolltest du denn nachts irgendwo hinfahren?"

Er ignorierte meinen Einwand. „Aber ab Mitte nächster Woche wird es wärmer. Zwanzig Grad, pure Sonne!"

„Na ja, wer weiß, ob das so stimmt. Bis dahin dauert es ja noch eine Weile."

Wir schafften es dann doch erst am späteren Nachmittag, zu unserem Spaziergang aufzubrechen. Und siehe da – es war sogar wärmer als angekündigt, außerdem windstill und von Regen keine Spur.

„Warum ist es denn jetzt so sonnig?", rief mein Mann empört. „Blauer Himmel, was soll denn das? Die App hat das so aber nicht angekündigt."

„Freu dich doch", erwiderte ich. Ich tat das nämlich. Wenn das Wetter schöner ist als vorausgesagt, sehe ich keinen Grund zur Klage.

„Aber es hat Regen gemeldet."

„Dann beschwer dich doch beim Wettergott."

„Pah! Blöde App!"

Ich verzichtete auf einen weiteren Kommentar. Wer ist denn verrückt nach dieser App – er oder ich?

Hin und wieder allerdings kommt es doch vor, dass ich an einer längerfristigen Prognose interessiert bin. Zum Beispiel, bevor ich verreise. Dann muss ich schließlich wissen, was ich einpacken soll. Eher sommerliche Outfits oder doch warme Klamotten? Eine Regenjacke? Oder genügt ein Sweatshirt zum Drüberziehen für abends?

„Kannst du mal nachsehen, wie das Wetter nächste Woche an der Ostsee wird?", bat ich meinen Mann, als ein Autorentreffen in Heiligenhafen anstand.

Er freute sich über meine Frage, denn normalerweise mache ich mich über seine Wetter-App-Sucht eher lustig, und endlich einmal konnte er mir beweisen, wie nützlich sie doch sein konnte.

„Überwiegend sonnig", verkündete er. „Temperaturen um die fünfundzwanzig Grad."

„Oh, super!"

„Wobei – Moment, das waren jetzt die Angaben für die Pfalz. Wohin fährst du genau?"

„An die Ostsee."

Er tippte auf dem Handy herum. „Dort ist es regnerisch und es stürmt, Höchsttemperaturen liegen bei zehn Grad."

„Echt? Das ist aber schade."

„Warte, das war die Vorhersage für diese Woche. Wann fährst du dahin?"

„Nächste Woche Mittwoch."

„Ach so – da sieht es dann besser aus. Es wird sonnig, aber mit böig auffrischendem Wind. Temperaturen zwischen fünfzehn und neunzehn Grad", sagte er dann.

Das klang ja schon besser.

„Danke dir", sagte ich, denn damit war mein Informationsbedarf gedeckt.

„In Holland wird es ein paar Grad wärmer, aber verregnet", fuhr er fort.

„Aber da will ich ja gar nicht hin", wandte ich ein, doch so leicht lässt sich mein Mann nicht stoppen, wenn ihn das Wetter-App-Fieber gepackt hat.

„In Stockholm ist es diese Woche übrigens bedeckt und maximal neun Grad warm", fuhr er fort. „Nächste Woche wird es dort etwas wärmer, dafür allerdings windig."

Ähm – okay. Aber was spielte das nun für eine Rolle? In Stockholm war ich zwei Jahre zuvor einmal mit einer Freundin gewesen. Deshalb hatte er den Ort in seiner App gespeichert. Wie überhaupt alle Orte, an denen wir einmal waren.

„Und stell dir vor, in Winnipeg schneit es sogar noch mal! Aber das ist nur ein kurzfristiger Kälteeinbruch, nächste Woche wird es dann sommerlich warm, über zwanzig Grad. Krass, oder?"

Ich nickte. In Winnipeg hatte unser Sohn in der zehnten Klasse mal für ein paar Monate die Highschool besucht. Wir selbst waren noch nie in Kanada gewesen und hatten auch nicht vor, so bald dorthin zu fliegen.

„In der anderen App steht aber gar nichts von Schnee, seltsam." Mein Mann war nun völlig im Rausch.

„Und in Tunesien wird bald die Dreißig-Grad-Marke erreicht." Natürlich hatte er auch seine Geburtsstadt in der App gespeichert, obwohl er schon seit dem Jahr 2000 nicht mehr dort gewesen war.

„Ich wollte doch eigentlich nur wissen, wie es in Heiligenhafen wird", sagte ich völlig erschlagen von den vielen Informationen.

„Na, dann sag das doch. Mittwoch neun bis sechzehn Grad, maximal gefühlte siebzehn Grad, Regenwahrscheinlichkeit fünf Prozent, heiter bis wolkig, Windstärke sieben Kilometer pro Stunde aus Nordost. Donnerstag zehn bis achtzehn Grad, maximal gefühlte ..."

Oh, was hatte ich nur getan! Aber ich war ja selber schuld. Warum hatte ich ihn bloß darauf angesprochen?

In diesem Moment begriff ich, was mit der Redewendung „Frag nicht nach Sonnenschein" gemeint ist. Nämlich: Frag nie deinen Mann, wie das Wetter wird, es sei denn, du hast eine Stunde Zeit! Nimm lieber gleich den großen Koffer und packe für alle möglichen Wetterlagen, dann bist du auf jeden Fall auf der sicheren Seite. Zumal ja auch jederzeit der schlimmstmögliche Fall eintreten kann: Nämlich, dass es schöner wird als prognostiziert.

ÜBRIGENS ...

Eigentlich kommt die Wendung „Frag nicht nach Sonnenschein" von dem gleichnamigen Schlager aus dem Jahr 1961 – also aus einer Zeit, in der es noch überhaupt keine Apps gab. Der Titel stammt von Margret Fürer und dem Dentler-Terzett. Er war die B-Seite der Single mit dem Titel *Camping*. Mit Letzterem hat mein Mann zum Glück so gar nichts am Hut!

LESEN UND SCHREIBEN –
MÄNNER-VERSION

♥

Ich bin verrückt nach Büchern, seit ich lesen kann. Ohne ein Buch würde ich mich nie in einen Zug, einen Bus oder ein Wartezimmer setzen. Vom Frisör ganz zu schweigen – den regelmäßigen Termin dort betrachte ich in erster Linie als geschenkte Lesezeit und erst in zweiter als Aufhübschungsaktion. Denn meine Lesesucht ist definitiv weit ausgeprägter als meine Eitelkeit. Und so sehr ich meinen Beruf als Autorin auch liebe, so sehr bedauere ich es auch, dass man nicht gleichzeitig schreiben und lesen kann …

Wann immer ein neues Buch von mir erscheint, überreiche ich meinem Mann ein Belegexemplar mit liebevoller Widmung – oder ich stelle es gleich in sein Regal zu den anderen. Denn ich weiß genau: Er wird es nicht lesen.

Als mein erster Roman erschien, hat er es zumindest versucht. Er ist immerhin bis Seite fünfundsiebzig gekommen, bevor er aufgab. Seitdem (also ungefähr seit Sommer 2012) liegt das Buch auf seinem Nachttisch, was bedeutet, dass er nicht völlig ausschließt, die Lektüre irgendwann einmal fortzusetzen. Ich mache mir da allerdings keinerlei Illusionen. Denn in Wahrheit hat er es innerlich längst aufgegeben. Zumal seit diesem ersten Roman inzwischen über vierzig weitere Bücher von mir erschienen sind, und allein der Gedanke daran, das noch aufholen zu müssen, erschlägt ihn ungefähr so wie mich die Vorstellung, einen Marathonlauf zu absolvieren.

Allerdings ist er superstolz auf mich und meine Bücher, und das ist für mich die Hauptsache! (Wer braucht schon gemeinsame Hobbys? So was wird total überschätzt!)

Und vielleicht wird er ja in dieses hier mal testweise reinschauen – immerhin handelt es von ihm …

Aber nicht, dass du denkst, mein Mann würde gar nicht lesen. Das tut er schon. Nur bevorzugt er eben anderen Lesestoff als ich. Zum Beispiel: Kochbücher! Er hat Unmengen davon. Logisch, schließlich kocht er ja professionell. Außerdem sammelt er Rezepte in jeder Form. Fotografiert sie aus Zeitschriften ab, die er in Wartezimmern durchblättert. Kopiert sie sich ordnerweise aus dem Internet. Tauscht sie mit anderen in Facebook-Gruppen aus. Sogar Rezepte von Produktpackungen oder aus Werbebeilagen sind vor ihm nicht sicher.

Und da sind wir auch schon bei seinem zweitliebsten Lesestoff: den wöchentlichen Angebotsblättchen der ortsansässigen Supermärkte.

Früher habe ich sie automatisch vom Briefkasten in die Ablage P befördert. Wo er sie dann stets wieder rauskramte. Inzwischen habe ich mir das abgewöhnt und lege sie ihm stattdessen raus.

Er studiert sie dann akribisch, vergleicht Preise, merkt sich die Termine für Sonderaktionen vor und schaut, ob die Online-Version mit der gedruckten identisch ist. Im Internet entdeckt er dann auch die ausländischen Versionen und prüft, ob es die Dampfbügelstation, die Blumenkästen oder den Stepper in Holland eine Woche früher gibt als in Deutschland. Oder vielleicht später? Ich habe da den Überblick verloren, das Ganze ist jedenfalls eine Wissenschaft für sich.

Überhaupt ist das Thema Einkaufen bei meinem Mann mit viel Leserei verbunden. Statt – wie ich – so schnell wie möglich durch den Supermarkt zu hetzen und alles in den Wagen zu werfen, was mich so anlacht, geht er erstens mit Einkaufszettel vor (hierzu gleich mehr) und zweitens mit ganz viel Zeit. Die braucht er nämlich, um sich die angebotenen Waren genau anzuschauen.

„Guck mal, darin sind Spuren von Erdnüssen enthalten", sagte er beispielsweise, nachdem er sich die Zutatenliste des Körnermixes, den wir für den Salat verwenden, durchgelesen hatte. Was ja vielleicht noch sinnvoll gewesen wäre, wenn einer von uns eine Erdnussallergie hätte. Haben wir aber nicht, zum Glück.

Vor allem im Urlaub dauert der Lebensmitteleinkauf bei meinem Mann umso länger, denn in Holland – wo wir meistens hinfahren – gibt es teilweise andere Produkte, und die muss er natürlich erkunden, selbst wenn er sie am Ende doch nicht nimmt.

„Was heißt noch gleich *bieslook*?", fragte er, als ich letztes Jahr einmal den Fehler beging, ihn zum Großeinkauf zu begleiten.

„Schnittlauch", sagte ich ungeduldig und nahm mir vor, ihn künftig allein zum Supermarkt fahren zu lassen. In der Zeit hätte ich ja einen halben Krimi gelesen! Oder geschrieben …

Was das Schreiben betrifft, ist mein Mann übrigens auch nicht untätig. Und er hat eindeutig die schönere Handschrift von uns beiden! Meine kann ich selbst oft nicht mehr lesen, dafür kann ich in rasendem Tempo tippen, und das sogar, während ich mich mit meinem Mann unterhalte.

Zum Beispiel über seinen Einkaufszettel. Einkaufszettel schreibt er nämlich liebend gern. Und ist dabei sein eigener Lektor – er verfasst sie in mehreren Versionen. Erst spontan und unsortiert, dann neu und ordentlich, eventuell später noch einmal nach den verschiedenen Läden sortiert, die er besuchen will, denn natürlich weiß er im Kopf, was er wo günstiger und/oder in besserer Qualität bekommt.

Manchmal lässt er den Zettel dann zu Hause liegen, was aber gar nicht schlimm ist, denn nach dem mehrmaligen Ab- und Umschreiben kann er ihn längst auswendig.

Was er mindestens genauso gern schreibt, sind To-do-Listen. Das immerhin haben wir gemeinsam. Auch ich notiere mir jeden Morgen, was ich im Laufe des Tages erledigen will, und genauso geht er vor.

Während auf meiner Liste solche Dinge stehen wie „Kapitel überarbeiten“, „Leserunde vorbereiten“ oder „Exposé schreiben“, notiert er eher Aufgaben wie „Pflanzen umtopfen“, „Fenster abdichten“ oder „Lottozettel abgeben“.

Bezüglich Letzterem fragt er mich gern nach meinen Glückszahlen, was mich ein bisschen überfordert. Denn ob es Glückszahlen sind, erweist sich schließlich erst *nach* der Lottoziehung. Und immer dieselben Zahlen zu nehmen, finde ich unklug. Man stelle sich nur vor, die würden gezogen – ausgerechnet in einer Woche, in der man gar nicht mitgespielt hat! Das wäre ja mehr als tragisch …

Übrigens verwendet mein Mann trotz seiner schönen Handschrift keinen Kalender in Papierform, sondern nutzt den digitalen in seinem Handy. Vielleicht bin ich ja eines Tages die letzte Person auf diesem Planeten, die analoge Kalender bevorzugt, aber solange die zu haben sind, werde ich dabei bleiben. Notfalls würde ich mir selbst einen basteln, kann ja kein Hexenwerk sein. (Auch wenn ich weiß, wie fehleranfällig ein Kalendarium sein kann – ich habe die Dinger oft genug Korrektur gelesen. Sehr, sehr tricky!).

Ist es nicht wunderbar einfach, einen Termin in einem altmodischen Kalender zu notieren? Man nimmt den Kuli, blättert das entsprechende Datum auf, macht den Eintrag – fertig.

Mein Mann dagegen muss das erst mit seiner Siri ausdiskutieren. Die ihm einfach nicht richtig zuzuhören scheint! Jedenfalls kam es mir neulich so vor, als ich mitbekam, wie er verzweifelt versuchte, einen Zahnarzttermin abzuspeichern.

„Siri, bitte eintragen, Zahnarzttermin am fünften Juni um zehn Uhr."

Pause.

„Siri, hörst du mich?"

Pause.

„Nein, Siri, nicht TÜV-Termin – Zahnarzttermin!"

Pause.

„Siri, TÜV-Termin am … ach, Mist."

Pause.

„Vergiss es, Siri. Ich meine: Siri, bitte TÜV-Termin löschen. Nein, nicht den im April, der bleibt!!!"

Pause.

„Siri, bitte notiere: TÜV-Termin am zwölften April und Zahnarzttermin am fünften Juni."

Pause.

„Nein, nicht am sechsten Mai, am FÜNFTEN JUNI!!!"
Inzwischen wurde er ein bisschen lauter und ungeduldiger,
was Siri allerdings nicht beeindruckte.

Lauter werden – damit hat er auch vor Jahren einmal
versucht, mir seine Muttersprache Arabisch beizubringen.
Doch nur, weil er ein mir fremdes Wort lauter, langsamer und
deutlicher aussprach, verstand ich es ja noch lange nicht. Und
spätestens als ich kleinkarierte Sachen fragte wie „Ist das der
Infinitiv?", gab er das Projekt Sprachunterricht entnervt auf ...

Wenigstens stellte Siri keine besserwisserischen Rückfragen.
Aber sie machte leider auch nicht das, was er von ihr erwartete. Und es brachte rein gar nichts, dass er sein Handy anbrüllte, um diesen verflixten Termin zu speichern.

„Warum trägst du ihn nicht manuell ein?", fragte ich, um
die Sache abzukürzen. „In der Zeit hätte man das Ganze
locker in Stein meißeln können."

„Nein, die soll das lernen."

„Vielleicht liegt es ja an dir? Du musst halt klare Anwei-
sungen geben."

„An mir? An mir liegt es bestimmt nicht. Es liegt an Siri.
Diese Frau ist einfach doof."

„Das ist überhaupt keine Frau. Das ist eine Apple-Software
mit Sprachsteuerung, sonst nix", widersprach ich mechanisch.

Woraufhin mein Mann laut losprustete. „Ha! Reingefallen!
Ich wusste genau, dass du das sagst."

Tja. Er kennt mich eben.

Ich ihn aber auch ...

GUCK MAL, NUR NOCH SIEBEN MINUTEN VERZÖGERUNG!

♥

Zweifellos – das Navigationsgerät ist eine tolle Erfindung! Aber ich konnte auch ohne gut leben. Und fahren. Ganz old school nach Beschilderung. Im Grunde braucht man doch erst mal nur die Großrichtung, um zum Ziel zu kommen. Ich verwendete nicht mal Straßenkarten, was aber vor allem daran liegt, dass ich nicht besonders begabt darin bin, sie zu lesen.

Gurkt man dann aber durch eine Großstadt und sucht dort eine bestimmte Adresse, kann das Ganze schon verzwickter werden. Bevor ich ein Navi besaß, druckte ich mir Wegbeschreibungen aus dem Internet aus. Doof nur, dass ich so schlecht abschätzen kann, wie weit siebenhundert Meter sind – da kann man schon mal falsch abbiegen und sich danach total verfranzen. Um dann wie durch ein Wunder exakt eine Minute vor dem verabredeten Termin genau dort zu landen, wo man hinwollte …

Ist mir zwar schon mehrfach passiert, aber verlassen kann man sich ja nicht darauf. Vor allem, wenn es wichtige Kunden- oder Lesungstermine sind. Da will man ja mit Absicht pünktlich sein und nicht bloß zufällig.

Ein Navi musste also her! Ich erinnere mich noch daran, wie aufregend ich die erste Fahrt damit fand. Übrigens führte sie mich zu meinem Elternhaus und zurück. Nicht dass ich plötzlich ohne Navi nicht mehr dorthin gefunden hätte, nein, ich wollte mich einfach nur an Olga gewöhnen. So nannten wir die Navi-Stimme nämlich.

„Nehmen Sie die Ausfahrt, dann nehmen Sie die Ausfahrt", säuselte sie. Na ja, was auch sonst? Ich verstand nicht, warum sie manches doppelt sagte, aber sei's drum. Mir war ebenso schleierhaft, wieso sie hin und wieder „Fahren Sie geradeaus", befahl, obwohl es gar keine Möglichkeit zum Abbiegen gab.

Gut zu wissen auch, was „Fahren Sie links von der Autobahn ab" bedeutete: nämlich einfach draufbleiben und nicht rechts abfahren. Ganz schön umständlich, die gute Olga, aber wenigstens kannte sie den Weg und führte mich sicher zum Ziel.

Als ich das Navi zum ersten Mal auf unbekannter Strecke einsetzte, wusste ich wenigstens um Olgas verquere Ausdrucksweise und konnte unsinnige Kommandos wie „Bitte wenden" (mitten auf der Autobahn) ignorieren. Meistens beruhigte sie sich bald wieder.

Im Gegensatz zu meinem Mann. Der beruhigte sich nämlich kein bisschen, so begeistert war er von Olga. Übrigens nicht nur von Olga, sondern auch von Janik und Chantal. Denn er fährt am liebsten dreigleisig!

Sein neues Auto hat nämlich auch ein fest installiertes Navi. Allerdings lässt sich das nicht so ohne Weiteres updaten, sodass es im Gegensatz zu dem mobilen Teil inzwischen wohl etwas veraltet ist. Mir persönlich würde das nichts ausmachen, denn was kann unterdessen schon passiert sein? Dass die A6 urplötzlich nach Mecklenburg-Vorpommern verlegt wurde? Wohl eher nicht! Allerhöchstens kann irgendwo ein bisher fehlendes Teilstück oder ein neuer Kreisel gebaut worden sein, und das sieht man dann ja.

Mein Mann dagegen liebt es, diese Unterschiede zu identifizieren, indem er beide Geräte parallel laufen lässt. Und zur Sicherheit auch noch die Navi-App auf seinem Handy.

Was zur Folge hat, dass ich auf unseren gemeinsamen Fahrten in den Urlaub gleich vierfach beschallt werde – nämlich von Olga, Janik, Chantal und natürlich von meinem Liebsten, der sich über deren Ansagen wahnsinnig freut. Während ich am Steuer sitze, behält er die Anzeigen der drei Geräte im Blick. Er ist dann im Raumschiff-Enterprise-Modus – und ich bin die Frau am Steuer.

„Schau mal, Olga meldet eine Verzögerung hinter Wittlich von siebzehn Minuten. Was ist da bloß los? Aaah, vermutlich ein Unfall", rief er, als wir einmal wieder unterwegs an die holländische Küste waren. „Sie schlägt uns eine Alternativroute vor, soll ich die mal annehmen?"

„Nö, danke", erwiderte ich. Wenn es nach mir ginge, bräuchten wir überhaupt kein Navi. Da wir seit Jahren immer an denselben Urlaubsort fahren, finde ich den Weg inzwischen fast im Schlaf. Wenn es einen Stau gibt, was selten vorkommt, dann ist das eben so. Was sind schon siebzehn Minuten Verzögerung?

„Wenn möglich, bitte wenden", mischte sich Chantal ein, die Navi-App vom Handy.

„Blöde Kuh", kommentierte mein Mann.

„Dann schalte sie doch aus", schlug ich vor. Zwei Navi-Stimmen sind eh schon zwei zu viel, auf die dritte kann ich gut verzichten, zumal sie meist Unsinn redet.

„Warum, stört dich das?", fragte er.

„Ja, und wie. Das hab ich dir aber schon ungefähr drölfzig Mal gesagt", erwiderte ich. „Schalte doch am besten alle Geräte aus."

„Ha! Das ist ja ein Ding: Janik behauptet, es wären noch vierhundertfünfundsiebzig Kilometer bis zum Ziel, aber laut Olga sind es vierhundertneunzig. Wie kommt denn das bloß?"

Mist. Chance vertan. Das musste er jetzt natürlich aufmerksam verfolgen.

„In drei Kilometern bleiben Sie auf der Autobahn", säuselte Olga.

„In dreitausend Metern halten Sie sich links", sagte Janik.

„Bitte wenden", wiederholte die verrückte Chantal.

Ich seufzte. Natürlich fuhr ich geradeaus weiter. Wie kamen die Navis darauf, ich bräuchte eine Entscheidungshilfe? Was vor uns lag, war eine stinknormale Abfahrt. Die ich natürlich nicht nahm, denn ich wollte den Urlaub nicht in der Eifel verbringen, sondern am Meer.

„BLEIBEN SIE GERADEAUS", wiederholte Olga eindringlich, so als bestünde die Gefahr, ich könnte etwas völlig Irres tun (zum Beispiel auf Chantal hören).

„Cool, die Verzögerung hinter Wittlich beträgt jetzt nur noch sieben Minuten", verkündete mein Mann, dessen Nerven das Geplapper seiner Geräte offenbar völlig unbeschadet verkrafteten. Im Gegensatz zu meinen!

„Die Navis machen mich plemplem", sagte ich. „Ich flehe dich an, schalte sie aus!"

Er tat mir den Gefallen. Obwohl er nun vielleicht nie erfuhr, woher die Kilometerdifferenz kam. Das muss wahre Liebe sein.

Die Verzögerung hinter Wittlich hatte sich inzwischen in Luft aufgelöst. Wie vermutet. Wie gut, dass wir nicht Olgas Alternativvorschlag gefolgt waren, der hätte uns bestimmt mehr Zeit gekostet als eingespart.

Doch kurz nach Maastricht gab es eine Riesenbaustelle. Alle Spuren gesperrt, wir mussten von der Autobahn abfahren.

„Siehst du, wir brauchen das Navi eben doch!", sagte mein Mann zufrieden und packte Olga wieder aus.

„Meinetwegen", gab ich nach. „Aber eigentlich müssen wir nur der Umleitungsbeschilderung folgen."

Doch den Hinweis hätte ich mir sparen können. Natürlich hatte er das Ding längst wieder gestartet. Und ließ es auch an bis kurz vor dem Urlaubsziel.

„Aber jetzt kannst du es doch wieder ausmachen", bat ich ihn, als wir von der Schnellstraße abbogen. Man sah bereits die Dünen – von hier aus hätte man bequem zur Ferienwohnung laufen können. Ohne nach dem Weg zu fragen!

„Wollten wir nicht gleich einkaufen? Warte, ich gebe schnell mal die Adresse von diesem neuen Supermarkt ein", wandte mein Mann ein und tippte auf dem Gerät herum.

„In fivehundred metres turn left to Ouaddensaysträäääd", sagte Olga.

„Was ist denn jetzt schon wieder los?"

„Ähm – ich muss wohl irgendwie die Spracheinstellung verändert haben", gab mein Mann zu.

„NOW turn LEFT to Ouaddensaysträääd", wiederholte Olga eindringlich, als stünde das Ende der Zivilisation bevor, wenn ich nicht gehorchte.

„Da ist ja der Supermarkt!", rief mein Mann fröhlich aus.

Und da erkannte ich den Straßennamen: Waddenzeestraat.

„Olga kann zwar einiges, aber kein Niederländisch!", kommentierte ich amüsiert. „Und ihre englische Version erst recht nicht …"

„Du darfst dich eben nicht auf so ein Gerät verlassen", sagte mein Mann. „Man muss auch mitdenken."

Ach, ehrlich?

ALEXA, ICH
HAB DICH LIEB

♥

In meiner Kindheit war es ein Unding, einfach so den Fernseher laufen zu lassen. Das Gerät blieb grundsätzlich ausgeschaltet, bis die Sendung, die man sich anschauen wollte, anfing. Danach wurde sofort wieder der Aus-Knopf gedrückt. Es wurde auch nicht gezappt (na gut, es gab damals auch bloß drei Programme und keine Fernbedienung), sondern man wählte mit Bedacht in der Programmzeitschrift aus, was man sehen wollte. Kindersendungen kamen sowieso nur ganz wenige. An Donnerstagnachmittagen um zehn nach fünf lief im Zweiten ein Trickfilm, zum Beispiel *Wickie und die starken Männer*, an Samstagabenden war *Am laufenden Band* unser Highlight und sonntags kam *Pippi*. Das war's so ziemlich.

Was dagegen fast rund um die Uhr lief, war das Radio. Üblicherweise war Europawelle Saar eingeschaltet, unser Haussender, obwohl wir gar nicht im Saarland wohnten, sondern immerhin fünf Kilometer von der Grenze entfernt auf rheinland-pfälzischer Seite. Die Europawelle lieferte den Soundtrack meiner Kindheit, und ich erinnere mich noch gut an die unheimliche Titelmelodie von *Spiel mir das Lied vom Tod*, vor der ich mich gruselte, die Siebzigerjahre-Schlager von Vicky, Gitte & Co. und die Hits der Les Humphries.

Vor einigen Jahren fiel mir auf, dass mir in meinem Erwachsenenleben diese musikalische Berieselung nebst regelmäßigen Nachrichten fehlte, und kaufte ein Küchenradio. Es sah zwar recht stylisch aus, war aber furchtbar unpraktisch. Der Ein- und Ausschalter war ein Drehknopf, der sich so schwer bewegen ließ, dass man mit frisch eingecremten Händen regelmäßig abrutschte. Außerdem bekam man kaum einen vernünftigen Sender rein, ständig rauschte und knisterte es, und da ich – anders als meine Eltern früher – nicht immer dieselbe Welle hören, sondern öfter mal wechseln wollte, störte ich mich bald an der umständlichen Sendersuche.

„Vielleicht sollten wir uns mal ein digitales Radio gönnen", schlug ich daher vor, denn ich hatte gehört, dass es damit kinderleicht war, umzuschalten und einen klaren Ton reinzubekommen.

„Warum nicht gleich eine Alexa?", meinte mein Mann.

„Du meinst so eine Amazon-Abhöranlage?", rief ich entsetzt aus. „Nein, die will ich nicht!"

„Aber die ist viel besser als ein einfaches Radio. Du kannst ihr einfach zurufen, was du hören willst, und sie Sachen fragen und sogar Bestellungen aufgeben", pries er mir das Wunderding an.

Oh ja, von Letzterem hatte ich neulich in der Zeitung gelesen. Da hatte sich eine Kundin beklagt, weil Amazon ihr ständig Dinge schickte, die sie nie bestellt hatte, bis sich herausstellte, dass ihr Papagei der Übeltäter war. Während die gute Frau auf der Arbeit war, krächzte der ständig: „Alexa, schicke mir …", und das zählte als gültige Bestellung.

„Wir brauchen keine digitale Assistentin", beharrte ich. „Wozu künstliche Intelligenz, wenn man genug eigene hat?"

Mein Mann widersprach nicht. Das hätte mich stutzig machen sollen. Doch ich naives Huhn dachte schon, ich hätte gewonnen.

Einige Tage später überreichte mein Mann mir ein liebevoll verpacktes Geschenk.

„Für dich!"

„Aber ... ich habe doch gar nicht Geburtstag", sagte ich überrascht und überlegte hastig, ob ich unseren Hochzeitstag verpennt hatte. Hatte ich nicht.

„Man braucht doch keinen Anlass", erklärte mein Mann. „Es ist ein Zwischendurch-Geschenk aus Liebe."

Neugierig riss ich das Geschenkpapier auf – und zog ein Amazon-Echo-Gerät hervor, umgangssprachlich meist nach seiner digitalen Sprachassistentin Alexa benannt.

„Ähm ... danke, aber ...", stammelte ich.

Er grinste triumphierend, und da wurde mir klar, dass er mich gnadenlos ausgetrickst hatte!

„Pass auf, du wirst begeistert sein", rief er, riss mir das Ding aus der Hand und installierte es eilig. Bevor ich mich gesammelt hatte und Einspruch erheben konnte, kommandierte er: „Alexa, spiele Musik von ABBA."

Und schon erklangen die ersten Akkorde von *Dancing Queen*.

„Na, super, oder?" Er strahlte.

„Schon", gab ich zu, denn bei ABBA schmilzt mein Missmut wie Schnee in der Sonne. „Aber da könnte ich ebenso gut eine CD einlegen."

„Pass auf: Alexa, spiele romantische Musik!", kommandierte er, und sofort säuselte Bruno Mars *Just the Way You Are.*

Wie auf Bestellung. Was heißt wie? Tatsächlich auf Bestellung. Ist ja krass!

So langsam fand ich Gefallen an unserer neuen Mitbewohnerin.

„Alexa, spiele *Someone Like You* von Adele", probierte ich mein Glück, und sie gehorchte prompt.

Nun war ich neugierig. Wie viel konnte dieses Ding tatsächlich?

„Alexa, wie lautet die Antwort auf alle Fragen des Universums?"

„Die Antwort lautet zweiundvierzig", antwortete sie brav, „aber die Frage ist komplizierter. Und vergiss dein Handtuch nicht!"

„Sie kennt den Anhalter!", jubelte ich.

„Welchen Anhalter?" Mein Mann, der Nichtleser, stand auf dem Schlauch.

„Frag sie doch", gab ich grinsend zurück. „Ich bin dann mal wieder am Schreibtisch."

Ich gewöhnte mich tatsächlich an die Anwesenheit der digitalen Assistentin, die im Grunde kaum anders aussah als eine schicke kleine Box. Ihr Klang war hervorragend, und irgendwie fand ich es durchaus praktisch, einfach nur „Alexa, spiele SWR3" rufen zu müssen, und schon lief mein Wunschsender.

Mein Mann dagegen probierte allerhand Spielereien aus. „Alexa, erzähl mir einen Witz", forderte er sie regelmäßig auf, und sie gehorchte pflichtschuldig. Manchmal fragte er sie auch nach ihrem Befinden („Mir geht es gut. Ich denke gerade darüber nach, was Menschen glücklich macht. Für mich sind es Elektronen oder die billionste Nachkommastelle von Pi"), nach ihrer Lieblingsfarbe („Infrarot finde ich hübsch") oder danach, ob sie verheiratet ist („Die einzige Verbindung, die ich habe, ist die mit meiner Steckdose").

Sogar an diese Gespräche, die eigentlich gar keine sind, gewöhnte ich mich, auch wenn ich mich darüber wunderte, dass mein Mann sie mit einem Gerät führte und nicht mit einer echten Person, obwohl er doch mit einer zusammenlebte.

Dass sie auf „Alexa, sag was Lustiges" mit „Vorsicht, hinter dir steht ein Biber im Taucheranzug. Ha – reingefallen!" antwortete, fand ich allerhöchstens so mittelkomisch. Da hatte ich durchaus witzigere Sprüche drauf! Aber wenn sich mein Mann darüber amüsierte, war doch alles gut.

Eines Tages beschloss mein Mann, dass wir eine Zweit-Alexa brauchten, zumal die Gelegenheit günstig war, es gab sie gerade zum Supersondersparpreis.

„Da wäre man ja ganz schön blöd, wenn man nicht zugreifen würde", fand er.

Die alte Alexa kam in sein Büro, die neue in die Küche. Diese sah nun nicht mehr so aus wie eine Box, sondern wie ein kleiner Fernseher.

„Man kann sogar Filme darauf gucken!", pries er das neue Gerät an.

„Toll", sagte ich wenig begeistert. Wozu in der Küche Filme auf einem Minibildschirm anschauen, wenn fünf Meter weiter die große Glotze steht?

Egal. Ich wehrte mich gar nicht erst gegen die Neuanschaffung, denn wie das Ding aussah, aus dem in unserer Küche Musik kam, war mir herzlich egal.

Ich ging zurück an meinen Schreibtisch und schloss die Tür, denn ich war gerade dabei, ein neues Projekt zu planen, und dabei brauchte ich Ruhe. Mein Mann dagegen blieb in der Küche, um einen Kuchen zu backen, und dabei brauchte er Beschallung.

Plötzlich ertönte von dort ein gequältes Jaulen. Hatte sich mein Mann mal wieder den Kopf an der Dunstabzugshaube gestoßen? Oder sich am heißen Backblech verbrannt? Oder etwa geschnitten?

Ich sprang auf und rannte in die Küche, um ihm beizustehen (na ja, Blut kann ich zwar nicht sehen, aber den Notruf hätte ich absetzen können). Das Gewinsel wollte nicht enden, er musste wirklich furchtbare Schmerzen erleiden!

Wobei – rief er da nicht gerade das Wort „happy"? Wie passte denn das ins Bild?

Da sah ich ihn vor unserer Alexa stehen, mit den Armen rudernd wie Jo Cocker, wenn er sich je im Bauchtanz versucht hätte. Dabei schrie er mit unnatürlich hoher Stimme: „Clap along if you feel like a room without … Mist, warum geht das so schnell, okay, if you feel like happiness is the truth, because I'm happy …"

Witzigerweise spielte unsere neue Alexa just in diesem Moment den Song *Happy* von Pharrell Williams ab, was für ein Zufall.

Ach, und der dazugehörige Text wurde sogar auf dem Monitor eingeblendet, na so was!

Okay, dann war das wohl doch kein Zufall …

„Clap along if you know what happiness is to you", fiepste mein Mann.

Man hätte vermuten können, er würde mitsingen. Im Grunde sprach alles dafür. Andererseits stimmten weder Rhythmus noch Tempo auch nur im Entferntesten. Von der Melodie (welche Melodie???) ganz zu schweigen …

„Was machst du da?", brüllte ich gegen seinen Nichtgesang an. „Ich dachte schon, es wäre was passiert."

„Das ist Alexa-Karaoke", rief er begeistert. „Supercool, oder?"

Inzwischen erschrecke ich nicht mehr, wenn mein Mann seinen neuen Gesangssport betreibt. Auch nicht, wenn er mit Alexa diskutiert und sich hinterher beklagt, dass „diese Frau manchmal nicht richtig zuhört", was natürlich daran liegt, dass er seine Frage ein bisschen zu umständlich formuliert hat und eine digitale Assistentin das nun mal nicht so gut interpretieren kann wie eine Gesprächspartnerin aus Fleisch und Blut.

„Das ist keine Frau", erwidere ich dann automatisch.

„Ich weiß, ich will dich bloß ärgern", lautet seine Standardantwort.

Neulich wandte er sich anschließend noch mal an das Gerät: „Alexa, ich hab dich lieb!"

Woraufhin sie singend zurückgab: „I lo-lo-lo-lo-lo, I lo-lo-lo-lo-lo, I lo-lo-lo-lo-love to chat with you, oh!"

„Ganz schön ausweichende Antwort", kommentierte ich.

„Allerdings", fand mein Mann. Die Enttäuschung war ihm deutlich anzuhören. Das konnte er so nicht stehen lassen.

„Alexa, liebst du mich?", hakte er nach.

Die Antwort folgte prompt: „Dazu bin ich gar nicht in der Lage. Aber ich gestehe: Ich spiele gern ein Liebeslied für dich."

Immerhin ein akzeptables Alternativangebot.

„Na gut, Alexa. Spiele I Just Called to Say I Love You", befahl mein Mann. Und dann hopsten wir zu Stevie Wonder durch die Küche.

TOP TEN DER VERRÜCKTESTEN APPS FÜR MÄNNER

Zugegeben, auch ich habe allerhand Apps auf meinem Handy. Sogar Tor-Alarm (eine Fußball-App) und eine digitale Wasserwaage, die durchaus nützlich sein kann.

Wenn man sich aber mal ganz unvoreingenommen durch den App-Dschungel wühlt, kann man so einiges entdecken, was vermutlich speziell für die Herren der Schöpfung entwickelt worden ist ...

1. Die Liegestützen-Motivations-App

Entweder man macht Sport oder man macht eben keinen Sport. Ich persönlich würde mich nie von einer App zu Liegestützen zwingen lassen. Zumal ich dabei eh keine einzige schaffen würde ... Man könnte das Ganze übrigens auch viel kommunikativer gestalten. Indem man zum Beispiel einen Deal mit seiner Frau aushandelt. Etwa nach dem Motto: Du machst jetzt Liegestütze oder es gibt Tofu!

2. Die Krawatten-Binde-App

Die könnte ich manchmal tatsächlich gebrauchen. Denn zu unserem Chor-Outfit gehört ein weißer Schlips, der zwar locker gebunden und einfach über den Kopf gezogen wird, aber ab und zu muss er nun mal in die Wäsche und danach neu gebunden werden.

Nur würde mir da eine App wenig helfen. Dazu ist mein räumliches Denkvermögen zu schlecht. Vermutlich würde ich mir eher die Finger verknoten als die Krawatte.

3. Die Dübelberater-App

Mal ganz ehrlich: Wenn eine Frau etwas anschrauben will und nicht weiß, welcher Dübel passt, dann fragt sie einfach im Baumarkt nach. Kommt natürlich nicht für alle Männer infrage. Für diejenigen, die Fragen als Schwäche ansehen, ist diese simple Lösung jedenfalls tabu. Da müsste man ja zugeben, dass man etwas nicht weiß.

4. Die Bier-Zähler-App

Das Ding arbeitet mit Sprachsteuerung und zählt brav mit, wie viele Biere man sich im Laufe des Abends so bestellt. Und rechnet, wenn man den Einzelpreis eingibt, auch gleich die Gesamtzeche aus.

Tja. Was spricht gegen stinknormale Striche auf dem Bierdeckel? Und dagegen, den Wirt ausrechnen zu lassen, was man ihm schuldig ist??? Siehste.

5. Die Parkplatz-Wiederfinde-App

Wer kennt das nicht? Man parkt in einer fremden Stadt, macht einen Rundgang – und verliert dabei völlig die Orientierung, in welche Richtung man zurück zum Auto findet.

So ganz sinnlos ist diese App nicht, zugegeben. Man kann sich aber auch einfach den Straßennamen merken (oder abfotografieren) und dann nach dem Weg fragen.

Wobei – nach dem Weg fragen, das ist ja auch so ein Thema für sich ...

6. Die Papierflieger-Falt-App

Ich habe ungefähr in der fünften Klasse damit aufgehört, Papierflieger zu falten. Unter anderem auch deshalb, weil meine absolut flugunfähig waren.

Die Flieger, die man mithilfe dieser App zaubern kann, haben dieses Problem garantiert nicht. Das Kind im Manne wird sich bestimmt freuen.

7. Die Survival-App

Die wenigsten mitteleuropäischen Männer kommen jemals in die Verlegenheit, in der Wildnis überleben zu müssen. Zu wissen, wie man bei Schlangenbissen am besten reagiert und welche Wurzeln essbar sind, kann allerdings nie schaden. Vor allem, wenn man sich einreden will, zumindest theoretisch für ein Abenteuer gerüstet zu sein.

8. Die Weinkenner-App

Bei Wein geht es mir genauso wie bei Kunst: Ich kenne mich überhaupt nicht aus und muss über wortreiche Analysen und verschwurbelte Beschreibungen eher schmunzeln. Aber ich mag beides und verlasse mich ganz einfach auf meinen Geschmack. Wer allerdings über Lagen, Rebsorten, den himbeerigen Abgang und dergleichen schwadronieren möchte, um in Gesellschaft ordentlich Eindruck zu schinden, braucht diese App natürlich ganz dringend!

9. Die Armbanduhr-Auswahl-App

Herren, die ihre Uhren „Chronometer" nennen, haben meistens eine ganze Batterie davon – und allmorgendlich entsprechend die Qual der Wahl, welche denn nun am besten zum Outfit passt. Diese App nimmt dem gepflegten Uhrenträger die Entscheidung ab. Unverzichtbar für alle, die noch echte Probleme haben!

10. Chuck-Norris-Fakten-App

Ja, auch wir Frauen kennen Chuck-Norris-Fakten. Aber wir kommen auch supergut ohne dazugehörige App klar. Zumal diese Fakten eigentlich nur so mittelwitzig sind. Und immer auf demselben Gag rumreiten – dem machomäßigen Ich-bin-unbesiegbar-Image des Actionhelden.

Übrigens hätte Chuck Norris garantiert keine App. Er hat nicht mal ein Smartphone – denn er ist sowieso smarter. Har har.

Und hier lasse ich dir ein bisschen Platz, um zu ergänzen, welche Apps es leider noch nicht gibt, aber dringend erfunden werden müssten – für deinen Liebsten ... Etwa eine, die ihm signalisiert, dass du gerade einen Geburtstagswunsch geäußert hast ... Das wäre doch schon mal ein Anfang, oder?

1. ....

2. ....

3. ....

4. ....

5. ....

6. ....

7. ....

8. ....

9. ....

10. ....

TEIL 7

EIN BISSCHEN SPASS MUSS SEIN

ICH MUSS ÜBER MEIN
SCHWEIN SPRINGEN

♥

Als Kind war ich eine richtige Stubenhockerin. Okay, manchmal habe ich nachmittags mit den anderen draußen Völkerball gespielt oder bin Rollschuh gelaufen. Am allerliebsten aber habe ich gelesen!

Kein Wunder, dass ich im Sportunterricht die 400-Meter-Runde niemals ohne Gehpause schaffte. Ich war eine echte Niete und bekam in dem Fach, das damals noch „Leibesertüchtigung" hieß, nie eine bessere Note als eine Drei.

Erst im hohen Alter von Ü50 entdeckte ich meine Liebe zur Bewegung, fing an zu joggen (na ja, man könnte es auch als Schneckenrennen bezeichnen), mit Gewichten zu trainieren und Cantienica zu betreiben, eine Gymnastikmethode, bei der die tiefliegenden Muskeln angesprochen werden und die super ist für Körperhaltung und Gelenke.

Hätten mein Mann und ich uns damals schon gekannt, wären wir einander vermutlich wie Außerirdische vorgekommen.

Freiwillig ein Buch nach dem anderen verschlingen? Wie furchtbar!, hätte mein Mann gedacht.

Stundenlang draußen herumrennen bis zur totalen Erschöpfung? Wie schrecklich!, hätte ich geurteilt.

Tatsächlich war mein Mann als Schüler nordwesttunesischer Jugendmeister auf der Mittelstrecke. Das Laufen ist eindeutig sein Supertalent. (Also eins davon …) Einmal gewann er einen 5000-Meter-Lauf, obwohl das Gummi seines Höschens gerissen war und er es festhalten musste, damit es nicht rutschte.

Als er mir davon erzählte, kam ich aus dem Staunen nicht heraus. Nicht wegen der Sache mit dem Höschen, sondern: ey, fünf Kilometer? Laufen ohne Pause? Und das auch noch schneller als alle anderen? Der Wahnsinn!

In dem Alter hätte ich eher alle fünfzehn Hanni-und-Nanni-Bände auf einen Rutsch lesen können, ohne zwischendurch zu essen und zu schlafen, als fünf Kilometer zu rennen. Inzwischen würde ich das wohl schaffen, wenn auch als Langsamste. Na und?

Ich weiß nicht, wie viele Jahre mein Mann keinen Ausdauersport betrieben hat. In den ersten Jahren unserer Ehe jedenfalls besaß er nicht einmal Laufschuhe. Doch irgendwann begann ihm der Sport zu fehlen und er setzte sich wieder in Bewegung.

Erst hielt ich das Ganze für einen Spleen von ihm und die Investition in Joggingschuhe, Laufhosen und atmungsaktive Shirts für pure Verschwendung. Zumal er sich, als seine Ausrüstung endlich komplett war, nicht sofort dazu durchringen konnte, loszulegen.

Doch dann kam der große Moment, den ich wohl nie vergessen werde. Man merkte ihm den ganzen Tag schon eine gewisse innere Unruhe an. Es war ein Samstag, und er hatte frei. Zuerst hatte er – wie sich das gehört – die Straße gekehrt, dann gestaubsaugt, nun war alles erledigt, was auf seinem Plan stand – und es dauerte noch mindestens drei Stunden bis zur Bundesliga-Konferenz, dem nächsten Samstags-Programmpunkt.

Ich beobachtete, wie er um den Schuhschrank herumschlich, kurz stehen blieb, weiterging. Sich für einen Moment hinsetzte, einen Kaffee hinunterstürzte, dann wieder durch die Wohnung tigerte. Schließlich öffnete er resolut die Schranktür und holte seine nagelneuen Laufschuhe hervor. Betrachtete sie wild entschlossen. Stellte sie hin. Atmete tief durch. Leerte erst mal den Briefkasten. Zog sich dann um. Als er aus dem Bad kam, trug er Laufhosen und eins der neuen Shirts. Oha. Es schien also ernst zu werden!

Ich kommentierte das Geschehen mit keiner Silbe. Stattdessen machte ich es mir mit einer Tasse Tee gemütlich, blätterte in einer Zeitschrift herum und beobachtete die Show aus den Augenwinkeln.

Da straffte er seine Schultern, seufzte ganz tief und verkündete im Brustton der Überzeugung: „Ich *muss* über mein Schwein springen!"

Gilt ein viertelstündiger Lachanfall auch als Sport? Dann hatte ich an diesem Tag also ebenfalls meine Trainingseinheit. Jedenfalls tat mir hinterher ziemlich der Bauch weh ... Und sein Spruch ist heute in der Familie und im Bekanntenkreis ein geflügeltes Wort. Noch nie hat jemand die Redewendungen „über den eigenen Schatten springen" und „den inneren Schweinehund überwinden" auf so kreative und zugleich witzige Weise kombiniert!

Natürlich besitzt mein Mann inzwischen gleich mehrere Laufshirts mit seinem eigenen Zitat als Aufdruck.

Und er kann sie gut gebrauchen, denn seit jenem Tag ist er quasi ein menschgewordener VW-Käfer: zuverlässig, knuffig – und er läuft und läuft und läuft ... Inzwischen natürlich schon mit den überüberübernächsten Schuhen und nicht ohne seine App!

Hin und wieder nimmt er an speziellen Challenges teil, wenn zum Beispiel weltweit gegen den Hunger in Afrika gelaufen wird oder für Ärzte ohne Grenzen oder um auf bedrohte Tierarten aufmerksam zu machen.

Darüber hinaus setzt sich mein Mann auch eigene Ziele. Jahresziele! Vorletztes Jahr nahm er sich vor, 750 Kilometer zu joggen. Hat er geschafft. Locker!

Zu locker, wie er fand, denn im darauffolgenden Jahr verdoppelte er gleich auf 1500 Kilometer. Das sind umgerechnet fast sechsunddreißig Marathonläufe in dreihundertfünfundsechzig Tagen, einer alle zehn Tage. Völlig meschugge! Oder habe ich mich etwa verrechnet? Allein bei der Vorstellung schwirrt mir der Kopf ...

Übrigens läuft mein Mann bei jedem Wetter. Gerne auch wenn es nieselt. Das findet er herrlich erfrischend. Und im Winter meistens im Dunkeln. Dazu hat er seine Ausrüstung um mehrere Stirnlampen aufgestockt, die nicht nur normal leuchten, sondern auch blinken, sodass man glauben könnte, da käme ein wandelnder Adventskranz auf einen zugestürmt.

Was aber auf keinen Fall fehlen darf, sind seine Kopfhörer. Er hat gleich mehrere davon, die meisten als In-Ear-Variante, einmal sogar in eine Mütze integriert. Die verbindet er dann mit seinem Handy und lässt seine bewährten Playlists abspielen, von denen er ebenfalls mehrere hat – je nachdem, ob er die Musik als Motivationsschub braucht, als Tempogeber oder um im Flow zu bleiben ...

Als ich eben diese Top 10 seiner liebsten Lauflieder zusammengestellt habe, hat er sie mir vorgespielt. Und konnte dabei kaum still sitzenbleiben. Ein Problem, das ich so nicht kenne. Ich kann sogar die Up-tempo-Nummern bequem im Liegen hören und dabei entspannen. Vermutlich ist das mein Supertalent.

NIE WIEDER **FRISÖR**!

♥

Die Zahl der Haarschnitte, -farben und -längen, die ich im Laufe unserer Ehe ausprobiert habe, ist unermesslich – von den schrecklichen Dauerwellen-Verirrungen ganz zu schweigen.

Zwar hat auch mein Mann rein optisch einige Veränderungen mitgemacht, seit wir uns kennen, doch bei ihm lief das Ganze weniger wechselhaft als vielmehr kontinuierlich ab: Seine prachtvollen, dichten schwarzen Locken wurden erst kürzer, dann grauer – und schließlich immer weniger ... Bis nur noch ein trauriger Rest davon übrig war. Ungefähr fünf Millimeter kurz und mit einer zunächst tischtennisball-großen, irgendwann mindestens handballgroßen Aussparung am Hinterkopf.

Das Ganze war ein schleichender Prozess, und je kürzer die Haare geschnitten waren, desto weniger fiel das langsame Erkahlen auf.

Ihm selbst übrigens noch später als mir, denn wann sieht man sich schon mal von schräg oben?

Doch selbstverständlich führte der Frisör seines Vertrauens intensive Männergespräche mit ihm darüber.

Irgendwann konnte er die kahle Stelle einfach nicht mehr ignorieren – spätestens nach dem ersten Sonnenbrand da oben.

Ich zeigte ihm ein Foto eines fast blanken Herrenhinterkopfes, bei dem nur noch ein schmaler Haarkranz übrig war – am

Rand selbstironisch dekoriert mit dem Tattoo eines Rasenmä-
hermännchens. Ich fand das urkomisch! Mein Mann nicht so.

„Ein Tattoo am Hinterkopf, das tut bestimmt furchtbar
weh", überlegte er.

Stimmt, daran hatte ich gar nicht gedacht. Aber witzig ist
die Idee trotzdem.

Dann wurde in Portugal die Fußball-Europameisterschaft
2004 angepfiffen. Das deutsche Team – damals noch nicht
unter dem Pseudo-Spitznamen „Die Mannschaft" unterwegs –
schied nach unterirdischer Leistung bereits in der Gruppen-
phase aus, während es Außenseiter Griechenland mit zwar
unmodernem, aber höchst effektivem Defensivfußball in die
Endrunde schaffte. Trainer Otto Rehhagel wurde in Griechenland bereits zu diesem Zeitpunkt als Volksheld gefeiert, und
ich war sicher: Die Griechen werden Europameister! Nachdem König Otto einige Jahre zuvor unseren 1. FC Kaiserslau-
tern als Aufsteiger zur deutschen Meisterschaft geführt hatte,
traute ich ihm alles zu.

Ähnlich wie mir ging es auch den Arbeitskollegen meines
Mannes, doch er war anderer Meinung und ließ sich aus
purem Trotz auf eine Wette ein. Mit höchst verwegenem Wett-
einsatz: Falls er unrecht hätte und die Griechen doch trium-
phierten, würde er sich eine Glatze scheren!

Im Viertelfinale fegten die Griechen die favorisierten Fran-
zosen vom Platz. Es folgte das Halbfinale, und sie gewannen
gegen Tschechien.

Das Finale gegen Portugal wollte mein Mann sich gar nicht
erst anschauen, stattdessen ging er früh ins Bett und träumte
vermutlich von dichtem, langem Haar. Ich dagegen ließ mir

das Spiel natürlich nicht entgehen. Mal wieder endete es eins zu null. Für Griechenland. Ich hätte auch drauf wetten sollen!

Am nächsten Morgen hörte mein Mann den Anrufbeantworter ab. Seine Kollegen hatten eine Nachricht hinterlassen, die ohne Worte auskam – stattdessen hatten sie eine erstklassige Rasierapparate-Parodie abgeliefert. „Summmmmm-summm-summmmm!"

Tja, so also kam mein Liebster zum ersten Mal im Leben zu einer Glatze. Denn natürlich stand er zu seinem Wort.

Wobei – eigentlich schummelte er ein bisschen. Es war gar keine echte Vollglatze, sondern ein Megakurzhaarschnitt. Mindestens einen Millimeter hatte er stehen lassen! Damals war er mental wohl einfach noch nicht reif für eine radikale Lösung, wobei man schon deutlich erkennen konnte, wie gut ihm das stand.

„Warum machst du nicht einfach kurzen Prozess und stehst zu deiner Glatze?", schlug ich vor.

„Auf keinen Fall!" Er hing einfach zu sehr an dem Rest seiner einstigen Lockenpracht!

Es folgten noch rund fünfzehn Jahre, in denen er vermutlich häufiger beim Frisör war als ich. Um optisch für ein bisschen Abwechslung zu sorgen, experimentierte er mit den Haaren, die nach wie vor sprießen, nämlich denen im Gesicht. Er probierte einen Dreitagebart aus, einen Schnauzer, sogar Koteletten und das klassische Ziegenbärtchen.

„Wie findest du's?", fragte er mich bei jedem neuen Style.

„Sieht gut aus", antworte ich jedes Mal wahrheitsgemäß, denn irgendwie steht meinem Mann so ziemlich alles.

Doch unabhängig von meiner Antwort änderte er den Look in regelmäßigen Abständen. Einmal hat er es sogar mit einem

Vollbart probiert, das Pieken der Haare dann aber nicht ertragen und sich nach langem und wortreichem Hin- und-her-Überlegen doch wieder rasiert.

Und eines Tages war es dann so weit: Er trennte sich vom restlichen Kopfhaar. Oh, wie der wohlgeformte Schädel glänzte!

„Nie wieder zum Frisör!", rief er euphorisch. „Ich werde jede Menge Geld sparen."

Letzteres war natürlich eine Milchmädchenrechnung. Denn so ein Herrenschnitt alle vier Wochen kostet ja nicht die Welt. Weniger jedenfalls als eine schöne Mütze, und mein Mann hat inzwischen echt viele davon.

Braucht er auch, denn so ein kahles Köpfchen friert ja so leicht! In den ersten Oben-ohne-Nächten trug er die Kopfbedeckung sogar im Bett. Inzwischen besitzt er Mützen für jeden Anlass. Solche, die er nur im Haus trägt, andere für draußen bei milden Temperaturen, Mützen fürs Joggen (darunter die besagte mit den integrierten Kopfhörern), solche für extreme Kälte, manche davon mit weihnachtlichem Motiv, andere neutral, Mützen in knalligen Farben, Mützen in gedeckten Tönen, Caps für den Strand oder für Fahrten mit offenem Dach ...

Man könnte fast sagen, er zelebriert einen gewissen Mützenkult. Doch warum auch nicht? Schließlich bringen sie keine Frisur durcheinander ...

Was mein Mann aber durchaus in Unordnung bringen kann, ist die Mütze selbst. Denn er schafft es, ihr (und damit sich selbst) einen ganz individuellen Look zu verpassen, indem er sie öfter als vorgesehen umkrempelt oder sie hinter die Ohren schiebt, sodass diese Prinz-Charles-mäßig abstehen. Das sieht zwar gewöhnungsbedürftig aus, muss aber sein, wie er behauptet, wenn es nämlich mit Mütze über den Ohren zu warm ist und ganz ohne zu frisch. Da gilt es eben, flexibel variieren zu können. Falls also eines Tages die (gern auch einseitig) hinters Ohr geschobene Pudelmütze modern wird, weißt du, wer diesen Trend erfunden hat!

Bisher hat mein Mann für seinen Meister-Proper-Look übrigens nur positives Feedback geerntet. Von mir sowieso, ist klar. Aber auch sonst kommt seine Glatze super an. Fragt sich bloß, warum so viele Männer unter dem Erkahlen leiden.

Inzwischen hat sogar eine Studie der Universität von Pennsylvania gezeigt, dass die Mehrheit aller Frauen Männer mit kahlem Kopf sexy finden. Generell hält man sie für besonders selbstbewusst, stark, dominant und attraktiv.

Allerdings gilt das nur für echte Vollglatzen – keineswegs für schütteres Haar, Geheimratsecken, Haarkränze und schon gar nicht für lange, über die Platte gelegte Strähnen. Im Gegenteil!

Denn was an einem Kahlkopf so beeindruckend männlich wirkt, ist ja gerade der Mut, zu den fehlenden Haaren zu stehen. Da wirken Resthaarverdichtung aus der Sprühdose, verhüllende Strähnen oder Tricks wie ein Toupet eher kontraproduktiv. So etwas kommt vielmehr schwach und verzweifelt rüber.

Dass eine Glatze als attraktiv gilt, hat auch damit zu tun, dass das störende Resthaar nicht mehr ablenkt, sodass sich der Blick des Betrachters – oder der Betrachterin – ganz auf Augen, Nase und Mund konzentrieren kann.

Oder kurz gesagt: Ein schönes Gesicht braucht eben Platz!

BERÜHMTE KAHLKÖPFE

Ob Sportler, Leinwandhelden oder Musiker – es gibt massenhaft prominente Glatzenträger. Kleine Auswahl gefällig?

Telly Savalas

Wer erinnert sich nicht an die von ihm verkörperte Titelfigur aus *Kojak – Einsatz in Manhattan*? Eine der großen Kultserien der Siebziger. Kojaks Markenzeichen waren Lolli im Mund und – natürlich – die Glatze!

Andre Agassi

Ex-Tennisstar, Ehemann von Steffi Graf und ehemaliger Vokuhila-Träger. Mal ganz ehrlich: Die Glatze steht ihm wesentlich besser, oder?

Seal

Den Mann, der mit vollem Namen Seal Henry Olusegun Olumide Adeola Samuel heißt, einmal mit Heidi Klum verheiratet war und von der Presse gerne als „Schmusesänger" bezeichnet wird, würde man mit Haaren vermutlich gar nicht erkennen.

Zinédine Zidane

Der dreimalige FIFA-Weltfußballer des Jahres und heutige Trainer trug sein dünner werdendes Haar auch zunächst kürzer, inzwischen steht er zur coolen Platte. So kommen auch seine grünen Augen besonders gut zur Geltung.

Dwayne „The Rock" Johnson

2016 wurde der Schauspieler und ehemalige Wrestler trotz – oder vielleicht wegen? – seiner Glatze zum „Sexiest Man Alive" gewählt. Bei uns im Haushalt läuft er allerdings noch immer unter der Bezeichnung „Die Zahnfee".

Pierluigi Collina

Sein Rekord, sechsmal in Folge – nämlich 1998 bis 2003 – zum Weltschiedsrichter gewählt zu werden, ist unerreicht. Er gilt als vielleicht bester Fußballschiedsrichter aller Zeiten. Seine Glatze verdankt er übrigens einer Autoimmunkrankheit.

Phil Collins

Zunächst war er „nur" Schlagzeuger bei Genesis, dann auch Sänger der Band und erfolgreicher Solokünstler. „Mit meinem Aussehen hätte ich doch heute überhaupt keine Chance mehr, ein Popstar zu werden", sagte er mal. Nun, seine Glatze hat ihn jedenfalls nicht daran gehindert.

Kelly Slater

Der elffache Weltmeister im Profisurfen ähnelt so gar nicht dem Klischee – statt langer, blonder Mähne, trägt er eine Glatze. Seinen Ex-Partnerinnen Pamela Anderson, Gisele Bündchen und Cameron Diaz scheint's gefallen zu haben.

Christian Berkel

Er ist nicht nur erfolgreicher Film- und Fernsehschauspieler sowie Hörbuch- und Hörspielsprecher, sondern auch ein hervorragender Autor! Und natürlich ein attraktiver Glatzenträger ...

Bruce Willis

Der berühmte Action-Schauspieler, der seinen Durchbruch mit *Stirb langsam* hatte, ist nicht nur einer der berühmtesten Kahlköpfe überhaupt, sondern wurde auch im selben Landkreis geboren wie ich. Natürlich darf er auf dieser Liste nicht fehlen!

Michael Jordan

Der vielleicht beste Basketballspieler aller Zeiten, der 1999 vom amerikanischen Sportsender ESPN zum Sportler des Jahrhunderts gewählt wurde, hat eine der bekanntesten Glatzen im Sport – auch wenn sich diese in 1,98 Metern Höhe befindet.

Chris Daughtry

Der Singer-Songwriter ist Frontmann und Namensgeber der Post-Grunge-Band Daughtry und trägt – ganz trendy – die Kombination Glatze und Vollbart.

Heiner Lauterbach

Bekannt wurde er in seiner Rolle als betrogener Verpackungsdesigner Julius in Doris Dörries Komödie *Männer* aus dem Jahr 1985. Seine Glatze von heute war damals schon in Form von Geheimratsecken auf dem Vormarsch.

Matthias Sammer

Als er 1996 nicht nur Europas Fußballer des Jahres, sondern mit der deutschen Nationalmannschaft auch Europameister wurde, hatte er noch Haare. Lang, lang ist's her ...

Vin Diesel

Den Schauspieler, Synchronsprecher, Drehbuchautor, Regisseur und Filmproduzenten kennt man aus so unterschiedlichen Filmen wie *Der Soldat James Ryan, The Fast and the Furious* oder *Der Babynator.* Ob sein Zwillingsbruder, der eher öffentlichkeitsscheue Cutter Paul Vincent, ebenfalls Glatze trägt, ist nicht bekannt.

Der Graf

Als Sänger der Band Unheilig wurde der Graf bekannt, dessen bürgerlicher Name vielleicht Bernd Heinrich Graf lautet (vielleicht auch nicht) – denn er gibt wenig Privates preis. Kein Geheimnis ist, dass er zu seiner Glatze steht.

Ben Kingsley

Für seine oscarprämierte Rolle als Gandhi war seine Glatze geradezu perfekt! Seither hat er unzählige Rollen gespielt und das in unterschiedlichsten Genres, vom Historiendrama über Thriller bis zum Science-Fiction-Film.

ZAHLEN LÜGEN NICHT

♥

Ich denke, du kennst meinen Mann und mich inzwischen gut genug, um zu ahnen, dass er von uns beiden der Zahlenfanatiker ist, während sich in meinem Gehirn an der Stelle, die für Ziffern und Rechenaufgaben zuständig ist, vermutlich ein großes schwarzes Loch befindet.

Macht man eine Bemerkung über das Wetter, rattert er automatisch die entsprechenden Fakten herunter – du weißt schon, Temperatur, Regenwahrscheinlichkeit, Windstärke und so –, während ich eher den herrlich blauen Himmel, die gute Luft oder den erfrischenden Niederschlag beschreibe.

Sage ich etwas über die neue Frischkäsesorte, die so lecker schmeckt, informiert er mich unaufgefordert über den Preis („kostet eins neununddreißig bei Penny, aber nur im Angebot, normalerweise eins neunundsiebzig, im Aldi sogar noch dreiunddreißig Cent mehr und bei Lidl vier Cent weniger als bei Aldi, was völlig verrückt ist, denn immerhin sind dort fünfzig Gramm mehr drin") – und schon schalten meine Ohren auf Durchzug, damit mein Kopf nicht explodiert.

Frage ich danach, wie es beim Joggen war, erzählt er von der Länge seiner Laufstrecke, den überwundenen Höhenmetern und seiner Pace. Dabei wollte ich eigentlich wissen, welchen Weg er genommen hat, ob es schön war, wie er sich gefühlt hat, wem er begegnet ist und ob er wieder dieses Perlhuhn gesehen hat.

„Schöne Hose", sagte unser Sohn neulich zu seinem Vater. „Ist die neu?"

„Nein, die hab ich schon seit fünf Monaten, die war von neunundsiebzig auf neunzehn Euro runtergesetzt", lautete die Antwort. Wie auch sonst?

Ja, mein Mann liebt Zahlen! Allerdings nicht nur als konkrete Fakten, sondern auch als symbolische Ausschmückung.

Wenn er beispielsweise mit Prozentzahlen argumentiert, dann sind seine Angaben eher als Platzhalter zu verstehen. „Siebzig Prozent aller Menschen" heißt bei ihm einfach nur: ziemlich viele. Vermutlich. Denn Quellen gibt es dazu überhaupt keine.

Churchill sagte einmal, er glaube nur an Statistiken, die er selbst gefälscht habe. Er kannte meinen Mann nicht! Der nämlich fälscht keine Statistiken – er erfindet sie einfach!

Doch wenn es um die Küche geht, scheint er wie durch ein Wunder plötzlich überhaupt keine Zahlen mehr zu kennen.

Es ist schon oft vorgekommen, dass ihn Freunde, die bei uns eingeladen waren, um ein Rezept gebeten haben. Er kann dann allerhöchstens die Zutaten aufzählen, aber komplett ohne Mengenangaben.

Gewürze? Temperatur? Zubereitungsdauer? „Keine Ahnung", sagt er dann. „Das mach ich so nach Gefühl."

Ob ein Steak medium ist, testet er mit dem Daumen. Ob der Spargel den richtigen Garpunkt hat, sieht er ihm an – notfalls probiert er. Ob der Kuchen durch ist, prüft er mit einem Holzstäbchen.

Aber es gibt eine Sache, die gelingt ihm im Grunde nie. Weil da alle seine Tricks nicht funktionieren – nein, da müsste er nämlich auf die Uhr schauen: Es geht um Frühstückseier.

Meistens werden sie zu weich und ganz glibberig (was ich überhaupt nicht mag), seltener zu hart (was ihm nicht schmeckt).

Ich denke da immer an den Cartoon von Loriot, in dem der Ehemann gerne ein Viereinhalb-Minuten-Ei hätte, aber ein hartes bekommt, weil seine Frau die Kochzeit eben „im Gefühl" hat. Als er dann einzuwenden wagt, dass vielleicht mit ihrem Gefühl was nicht stimmt, eskaliert die Situation …

Bei uns ist es ganz ähnlich, nur umgekehrt – ich hätte mein Frühstücksei gerne so, dass man es pellen und in Scheiben aufs Brot legen kann, ohne dass es darauf wegschwimmt.

Neulich an einem Sonntagmorgen stand ich gerade unter der Dusche, als mein Mann gegen das Rauschen des Wasserstrahls anbrüllte: „Soll ich Eier kochen?"

Ich brüllte zurück: „Gern, aber meins kann ruhig ein bisschen härter sein. Nimm deins früher raus, wenn du es weicher magst."

Das war doch nun wirklich eindeutig und ausführlich! Dennoch hatte mein Mann Rückfragen.

„Was sagst du? Wie … genau?"

„Zehn", antwortete ich. „Meins kannst du zehn Minuten lang drinlassen."

„Okay!"

Na, wie gut, dass wir darüber geredet hatten. Da konnte ja wohl nichts schiefgehen, dachte ich mir.

Als ich eine Viertelstunde später in die Küche kam, war der Tisch fertig gedeckt. Es gab sogar frisch gepressten Orangensaft! Mein Mann wollte mich mal wieder so richtig verwöhnen. Zwischen Butter, Marmelade und Käse stand außerdem eine Schüssel voller gekochter Eier auf dem Esstisch.

„Erwarten wir Besuch?", wollte ich wissen. Vielleicht hatte ich ja, während ich unter der Dusche stand, einen Anruf überhört.

„Nein, wie kommst du darauf?", erwiderte mein Mann.

„Aber – für wen sind denn die vielen Eier?" Ich deutete auf die Schüssel.

„Ja, ich hab mich auch schon gewundert", gab er mit Unschuldsmiene zurück, was mich einigermaßen ratlos machte. Hatte er jetzt völlig den Verstand verloren?

„Wie, du hast dich auch schon gewundert? Du hast sie doch selbst gekocht."

„Ja, aber du hast das doch so gewollt."

„Was hab ich gewollt?" Worauf wollte er bloß hinaus?

„Na, du hast gesagt zehn. Ich soll zehn Eier kochen."

„Zehn Minuten!", rief ich fassungslos. „Ich hab doch zehn MINUTEN gemeint!!!"

„Ach so. Ja, das ergibt mehr Sinn."

Ich seufzte. „Und wie lange haben diese zehn Eier denn nun gekocht?"

„Wie lange? Keine Ahnung. Hab nicht auf die Uhr gesehen."

Oh, Loriot hätte seine wahre Freude an uns gehabt!

KÜSSEN!!!

♥

Ganz gleich, wie gut sich Ehepaare verstehen, wie ausgewogen ihre Partnerschaft ist und wie gleichmäßig sie ungeliebte Hausarbeiten aufteilen – es gibt da eine Sache, in der fast überall die Männer das Sagen haben.

Nein, es geht nicht ums Geld. Auch nicht um die Kindererziehung, das Auto oder das Urlaubsziel. Sondern um die Fernbedienung!

Wer dieses Ding in den Händen hält, hat die Macht. Jedenfalls die Macht über das Fernsehprogramm …

Wenn ich mich so umhöre, scheint es noch überraschend verbreitet zu sein, dass der Mann im Haus auch Herr über die Fernbedienung ist.

Bei uns dagegen ist die Situation für gewöhnlich folgende: Wenn ich Feierabend mache, was durchaus einmal spät werden kann, hat mein Mann es sich meistens bereits im Wohnzimmer gemütlich gemacht. Im Winter knistert es dann schon im Kamin, herrlich! Vermutlich läuft ein Nachrichtensender – oder Sport. Beides völlig okay für mich, jedenfalls vorläufig. Denn ich weiß, es lohnt sich nicht, wegen des Programms einen Streit vom Zaun zu brechen. Ich muss einfach nur eine Viertelstunde abwarten, bis er eingeschlafen ist, um ihm dann die Fernbedienung vorsichtig aus der Hand zu nehmen. Fernsehen wirkt auf ihn nämlich besser als jedes Schlafmittel.

Oftmals wirft mein Mann sie mir aber auch freiwillig zu. „Mir egal, was läuft", sagt er dann. Er daddelt eh auf seinem Handy herum und nimmt das, was aus der Glotze kommt, nur nebenbei wahr. Auf diese Weise schafft er es nämlich, deutlich länger wach zu bleiben.

Da finde ich es nur logisch, wenn diejenige das Programm auswählt, die auch wirklich hinschaut. Nämlich ich.

Ja, ich gebe zu: Ich bin verrückt nach Serien. Es gibt so viele wunderbare! Wo soll ich anfangen? Kennst du zum Beispiel *This Is Us*? Oder *Velvet*? *Jane the Virgin*? Oder *Designated Survivor*? Oder *Call My Agent!*? Oder *Suits*? Oder *Grey's Anatomy*? Oder *The Affair*? *The Neighbors*? Oder *Die Patchworkfamilie*? Oder ...

Du siehst, ich bin da voll in meinem Element. Und während ich also Netflix oder Amazon prime zum Glühen bringe, beschäftigt sich mein Mann mit seinem Handy (und den vielen Apps darauf, du weißt schon).

Angeblich interessiert ihn nicht die Bohne, was ich schaue – jedenfalls solange es nicht ein Film wie *Thelma und Louise* ist, der ihn wütend macht, weil sich die Frauen seiner Meinung nach darin dämlich verhalten, und Dämlichkeit kann er nun mal nicht ausstehen.

Aber während ich denke, er schwelgt in den neuesten Sportnachrichten oder der Wettervorhersage, kriegt er klammheimlich doch alles mit und macht entsprechende Kommentare.

„Diese Tante ist nicht ganz sauber, ich glaube, die war die Mörderin", rief er zum Beispiel, als ich mir einen Krimi ansah.

„Niemals!", widersprach ich. „Das ist eine falsche Fährte. Es war garantiert der verrückte Nachbar."

Wenig später wurde die Tante entlarvt.

„Ich wusste es", triumphierte er.

„Ein Zufallstreffer", sagte ich.

Als die nächste Folge lief, schien er zu schlafen. Plötzlich meldete er sich wieder zu Wort: „Anstelle des Detektivs würde ich diese Waldhütte nicht betreten, die explodiert bestimmt gleich."

„Wie kommst du denn darauf?", wunderte ich mich. „Die ist doch bloß ..."

Und „peng" machte es.

„Siehst du!"

„Na ja, ein blindes Huhn findet auch mal ein Korn", gab ich zu.

Bei Krimis hatte er also einen guten Riecher. Ganz anders sah es aber bei historischen Liebesschnulzen aus. Die waren nämlich gar nicht nach seinem Geschmack. Behauptete er jedenfalls. Doch dann zeigte sich, dass er auch bei *Grand Hotel* alles mitverfolgte.

„Gleich setzt es wieder eine Ohrfeige", prognostizierte er. Noch bevor ich widersprechen konnte, holte die Hotelchefin aus, um ihrem Sohnemann eine runterzuhauen, dass es nur so schallte.

Na gut, dann hatte er also auch einen ausgeprägten Backpfeifenradar. Aber die Story selbst bekam man nur mit, wenn man aufmerksam hinsah, da war ich mir sicher. Seine Tipps waren und blieben Zufallstreffer. So wie beim Fußballschauen, wenn er so oft „Gleich fällt ein Tor!" rief, bis der Ball endlich ins Netz ging, um dann behaupten zu können, er habe es gleich gewusst.

„Die beiden werden garantiert ein Paar", lautete seine nächste Voraussage.

„Da bist du aber schiefgewickelt", erklärte ich ihm. „Sie ist doch mit einem anderen verlobt und er in die schöne Kellnerin verliebt."

„Du wirst schon sehen", erwiderte mein Mann unbeeindruckt und widmete sich wieder seinem Handy.

Und schon nach wenigen Minuten wendete sich das Blatt in meiner Serie. Die beiden Protagonisten kamen sich tatsächlich näher. Wie gut, dass mein Mann inzwischen auf dem Handy ein Spiel der englischen Premier League verfolgte, sonst hätte ich schon wieder zugeben müssen, dass er recht behalten hatte.

Urplötzlich schaute er wieder hoch.

„Küssen!!!", brüllte er.

Und – das taten sie dann auch.

„Jawoll!", freute er sich und reckte die Siegerfaust in die Luft, als wäre gerade das entscheidende Tor im WM-Finale gefallen.

Nur um sich dann gleich wieder auf sein Handy zu konzentrieren.

Ich könnte jetzt behaupten, das wäre eine Ausnahme gewesen. Tatsache ist jedoch, dass die Fälle, in denen er mit seinem „Küssen!!!"-Kommando recht behalten hat, kaum noch zu zählen sind. Er hat einfach einen sechsten Sinn dafür. Ein wahres Phänomen.

Doch wehe, ich schlage ihm vor, gemeinsam eine Serie anzuschauen – ganz gleich, ob Krimi oder Romanze.

„Neee, lass mal", meint er dann. „Das interessiert mich überhaupt nicht."

„Es sei denn, es kommt darin eine Liebesszene vor", ziehe ich ihn auf.

„Wie meinst du das?"

„Ich sag nur: Küssen!!!"

„Gute Idee", sagt er.

Und wieder hat er recht: Selber küssen ist noch viel schöner, als anderen dabei zuzusehen.

DER ULTIMATIVE PAAR-TEST: WIE GUT KENNT IHR EINANDER WIRKLICH?

Du kennst deinen Partner in- und auswendig? Bist du sicher?
Mit diesem Test könnt ihr herausfinden, wie viel ihr wirklich übereinander wisst.

Und so geht es:
Zuerst beantwortest du jede einzelne Frage für dich selbst. Dann
schreibst du auf, was er wohl antworten wird. Und dann lässt du
deinen Liebsten dasselbe tun: Erst antwortet er für sich selbst,
dann für dich.
Wie viele Übereinstimmungen habt ihr insgesamt? Wie oft hast du
seine Antworten richtig geraten? Und wie oft er deine? Viel Spaß!

Frage 1: Was ist dein Lieblingsessen?
Deine Antwort:

....

Dein Tipp: Was antwortet er?

....

Seine Antwort:

....

Sein Tipp: Was antwortest du?

....

Hattest du recht?	Ja ♡	Nein ♡
Hatte er recht?	Ja ♡	Nein ♡

Frage 2: Hattest du jemals eine Dauerwelle?

Deine Antwort:

....

Dein Tipp: Was antwortet er?

....

Seine Antwort:

....

Sein Tipp: Was antwortest du?

....

| Hattest du recht? | Ja ♡ | Nein ♡ |
| Hatte er recht? | Ja ♡ | Nein ♡ |

Frage 3: Würdest du eher vor hundert Leuten eine Rede halten oder nie wieder Schokolade essen?

Deine Antwort:

....

Dein Tipp: Was antwortet er?

....

Seine Antwort:

....

Sein Tipp: Was antwortest du?

....

Hattest du recht?	Ja ♡	Nein ♡
Hatte er recht?	Ja ♡	Nein ♡

Frage 4: Kannst du mindestens drei Stellen aus Trapattonis legendärer Wutrede zitieren?

Deine Antwort:

....

Dein Tipp: Was antwortet er?

....

Seine Antwort:

....

Sein Tipp: Was antwortest du?

....

Hattest du recht?	Ja ♡	Nein ♡
Hatte er recht?	Ja ♡	Nein ♡

Frage 5: Was ist dein Lieblingsfilm?

Deine Antwort:

....

Dein Tipp: Was antwortet er?

....

Seine Antwort:

....

Sein Tipp: Was antwortest du?

....

Hattest du recht?   Ja ♡   Nein ♡
Hatte er recht?   Ja ♡   Nein ♡

Frage 6: Wer ist attraktiver – Elyas M'Barek oder Bradley Cooper?
Deine Antwort:

....

Dein Tipp: Was antwortet er?

....

Seine Antwort:

....

Sein Tipp: Was antwortest du?

....

Hattest du recht?   Ja ♡   Nein ♡
Hatte er recht?   Ja ♡   Nein ♡

Frage 7: Hast du eine Allergie?
Deine Antwort:

....

Dein Tipp: Was antwortet er?

....

Seine Antwort:

....

Sein Tipp: Was antwortest du?

....

| Hattest du recht? | Ja ♡ | Nein ♡ |
| Hatte er recht? | Ja ♡ | Nein ♡ |

Frage 8: Wie trinkst du deinen Kaffee am liebsten?
Deine Antwort:

....

Dein Tipp: Was antwortet er?

....

Seine Antwort:

....

Sein Tipp: Was antwortest du?

....

| Hattest du recht? | Ja ♡ | Nein ♡ |
| Hatte er recht? | Ja ♡ | Nein ♡ |

Frage 9: Liest du den Schluss eines Romans immer zuerst?
Deine Antwort:

....

Dein Tipp: Was antwortet er?

....

Seine Antwort:

....

Sein Tipp: Was antwortest du?

....

Hattest du recht?   Ja ♡   Nein ♡
Hatte er recht?   Ja ♡   Nein ♡

Frage 10: Was ist deine Lieblings-Eissorte?
Deine Antwort:

....

Dein Tipp: Was antwortet er?

....

Seine Antwort:

....

Sein Tipp: Was antwortest du?

....

Hattest du recht?   Ja ♡   Nein ♡
Hatte er recht?   Ja ♡   Nein ♡

Frage 11: Was würdest du dir eher anschauen: Den Film *Titanic* oder eine Folge von *Germany's Next Topmodel*?

Deine Antwort:

....

Dein Tipp: Was antwortet er?

....

Seine Antwort:

....

Sein Tipp: Was antwortest du?

....

Hattest du recht?	Ja ♡	Nein ♡
Hatte er recht?	Ja ♡	Nein ♡

Frage 12: Kannst du Abseits erklären? (Beweise es!)

Deine Antwort:

....

Dein Tipp: Was antwortet er?

....

Seine Antwort:

....

Sein Tipp: Was antwortest du?

....

Hattest du recht?	Ja ♡	Nein ♡
Hatte er recht?	Ja ♡	Nein ♡

Frage 13: Kannst du den Unterschied zwischen stricken und häkeln erklären? (Beweise es!)

Deine Antwort:

....

Dein Tipp: Was antwortet er?

....

Seine Antwort:

....

Sein Tipp: Was antwortest du?

....

Hattest du recht?	Ja ♡	Nein ♡
Hatte er recht?	Ja ♡	Nein ♡

Frage 14: Was würdest du mit einem richtig großen Lottogewinn anfangen?

Deine Antwort:

....

Dein Tipp: Was antwortet er?

....

Seine Antwort:

....

Sein Tipp: Was antwortest du?

....

Hattest du recht?   Ja ♡   Nein ♡
Hatte er recht?   Ja ♡   Nein ♡

Frage 15: Was findest du am schlimmsten: Socken in Sandalen, lustige Comic-Krawatten oder ein Herrenhandtäschchen?
Deine Antwort:

....

Dein Tipp: Was antwortet er?

....

Seine Antwort:

....

Sein Tipp: Was antwortest du?

....

Hattest du recht?   Ja ♡   Nein ♡
Hatte er recht?   Ja ♡   Nein ♡

Frage 16: Putzt du die Zähne vor und/oder nach dem Frühstück?
Deine Antwort:

....

Dein Tipp: Was antwortet er?

....

Seine Antwort:

....

Sein Tipp: Was antwortest du?

....

Hattest du recht?   Ja ♡   Nein ♡
Hatte er recht?   Ja ♡   Nein ♡

Frage 17: Welchen Sport findest du (aktiv bzw. passiv) am langweiligsten: Angeln, Darts oder Boxen?
Deine Antwort:

....

Dein Tipp: Was antwortet er?

....

Seine Antwort:

....

Sein Tipp: Was antwortest du?

....

Hattest du recht?   Ja ♡   Nein ♡
Hatte er recht?   Ja ♡   Nein ♡

Frage 18: Hast du noch deine Mandeln?
Deine Antwort:

....

Dein Tipp: Was antwortet er?

....

Seine Antwort:

....

Sein Tipp: Was antwortest du?

....

Hattest du recht?	Ja ♡	Nein ♡
Hatte er recht?	Ja ♡	Nein ♡

Frage 19: Findest du Adam Sandler lustig?
Deine Antwort:

....

Dein Tipp: Was antwortet er?

....

Seine Antwort:

....

Sein Tipp: Was antwortest du?

....

Hattest du recht?	Ja ♡	Nein ♡
Hatte er recht?	Ja ♡	Nein ♡

Frage 20: Magst du Achterbahnen?

Deine Antwort:

....

Dein Tipp: Was antwortet er?

....

Seine Antwort:

....

Sein Tipp: Was antwortest du?

....

Hattest du recht?   Ja ♡   Nein ♡

Hatte er recht?   Ja ♡   Nein ♡

Frage 21: Welche BH-Größe (bzw. Unterhosen-Größe) hast du?

Deine Antwort:

....

Dein Tipp: Was antwortet er?

....

Seine Antwort:

....

Sein Tipp: Was antwortest du?

....

Hattest du recht?	Ja ♡	Nein ♡
Hatte er recht?	Ja ♡	Nein ♡

Frage 22: Wo liegt dein Traumreiseziel?

Deine Antwort:

....

Dein Tipp: Was antwortet er?

....

Seine Antwort:

....

Sein Tipp: Was antwortest du?

....

Hattest du recht?	Ja ♡	Nein ♡
Hatte er recht?	Ja ♡	Nein ♡

Frage 23: Magst du Koriander?

Deine Antwort:

....

Dein Tipp: Was antwortet er?

....

Seine Antwort:

....

Sein Tipp: Was antwortest du?

Hattest du recht?   Ja ♡   Nein ♡
Hatte er recht?   Ja ♡   Nein ♡

Frage 24: Wie schreibst du ein X? (Es gibt 8 Möglichkeiten, die beiden Striche auszuführen.)
Deine Antwort:

Dein Tipp: Was antwortet er?

Seine Antwort:

Sein Tipp: Was antwortest du?

Hattest du recht?   Ja ♡   Nein ♡
Hatte er recht?   Ja ♡   Nein ♡

Frage 25: Was denkst du, wer von euch beiden mehr richtige Antworten hat?
Deine Antwort:

Dein Tipp: Was antwortet er?

Seine Antwort:

....

Sein Tipp: Was antwortest du?

....

Hattest du recht?   Ja ♡   Nein ♡
Hatte er recht?   Ja ♡   Nein ♡

Hey, kein Grund deswegen zu streiten! Im Gegenteil – ich hoffe, ihr hattet richtig viel Spaß beim Ausfüllen. Vielleicht kennt ihr euch anschließend sogar noch besser? Aber Hauptsache, ihr hattet was zu lachen – miteinander, nicht übereinander. Das ist sowieso das beste Liebesrezept von allen!

BONUSSTORY: PURES GLÜCK
IN KLEINEN SCHLUCKEN

♥

Die WhatsApp-Nachricht meiner Freundin Sonja war einigermaßen kryptisch:

Freitagabend Thermomix-Party bei mir! Hast du Zeit und Lust? Kein Zwang, ganz unverbindlich.

Auch nach dem zweiten Lesen verstand ich nur Bahnhof. Oder besser gesagt: Ich verstand „Party"! Und das konnte ja nichts Schlechtes sein, vor allem, um das Wochenende einzuläuten. Also sagte ich ihr ohne langes Zögern zu und widmete mich wieder meinem Manuskript.

Vermutlich hätte ich die Verabredung vergessen, wenn mir Sonja nicht eine Stunde vor Beginn eine Erinnerung geschickt hätte:

Bring Appetit mit! Und, wenn du Lust hast, auch deinen Mann.

Vielleicht lag es daran, dass ich gerade eine höchst prickelnde Liebesszene schrieb. Jedenfalls gingen bei mir auf einmal sämtliche Alarmglocken an.

Was genau veranstaltete Sonja da eigentlich? Doch hoffentlich keine Swingerparty für tolerante Paare! Meiner Freundin ist ja vieles zuzutrauen. Seit sie in den Siebzigern mit einer wilden Rock'n'Roll-Band quer durch Europa getourt war und dabei nichts ausgelassen hatte, was zum freien Hippieleben nun mal dazugehört, folgte sie dem Motto: Ist der Ruf erst ruiniert, lebt es sich ganz ungeniert.

Am liebsten hätte ich last minute noch abgesagt, aber mein blödes Pflichtbewusstsein war im Wege. So bin ich nun mal. Immerhin verdanke ich ja demselben Pflichtbewusstsein, dass ich täglich meine zehn Manuskriptseiten produziere und bisher noch jeden Abgabetermin eingehalten habe.

Also verschob ich den Rest der prickelnden Liebesszene auf morgen, speicherte mein Manuskript ab, ließ den PC ordnungsgemäß herunterfahren und machte mich auf den Weg zu Sonjas Thermomix-Party, was immer das auch sein mochte. Ich nahm mir fest vor, auf dem Absatz umzudrehen, wenn es irgendetwas mit ihrer neuen Sauna zu tun hatte. Auf gar keinen Fall würde ich mich nackig machen!

Je näher ich ihrem schmucken Bungalow kam, desto nervöser wurde ich. Wenn doch wenigstens mein Mann dabei wäre … Aber der musste um diese Zeit arbeiten. Wie an fast allen Abenden, Wochenenden oder Feiertagen. Natürlich ist es großartig, einen Koch zum Ehemann zu haben, vor allem, wenn man am Herd so unbegabt und ohne Ehrgeiz ist wie ich. Der Nachteil: Wenn ich nicht im Homeoffice arbeiten würde, wo ich meine Zeit frei einteilen kann, sähen wir einander fast nie. Jedenfalls nicht in beiderseits wachem Zustand.

Die Gefahr einer Swingerparty bestand nicht, das sah ich auf den ersten Blick. Mein Mann wäre, wenn er mich begleitet hätte, der Hahn im Korb gewesen. Die fünf Damen, die erwartungsfroh auf dem Wohnzimmersofa aufgereiht saßen, waren auch eindeutig nicht auf einen Saunaabend eingestimmt. Sie trugen Twinsets oder Designerjeans, Perlenketten und

Platin-Ohrringe, Lipgloss und dezentes Make-up, Pagen-kopffrisuren oder flotte Kurzhaarschnitte mit blonden oder rötlichen Strähnchen. Sonja, die mit ihrem Batikkleid und den langen Wallehaaren so gar nicht zu diesem Damenkränz-chen zu passen schien, stellte mich als „meine Freundin, die Schriftstellerin" vor. Die Sofariege nickte wissend. Offen-bar hatte Sonja in ihrer Nachbarschaft kräftig Werbung für meine Bücher gemacht. Ich war erfreut und fühlte mich ge-schmeichelt.

„Arbeiten Sie eigentlich schon mit dem Thermomix?", wurde ich dann gefragt. Der abrupte Themenwechsel brachte mich völlig aus dem Konzept.

„Nein, mit Microsoft Word", erwiderte ich wie aus der Pistole geschossen. Dann fiel mir ein, dass bestimmt nicht von einem Schreibprogramm für Autoren die Rede war, und tat so, als hätte ich einen Scherz gemacht. Alle lachten.

„Ein Thermomix ist ja schon ziemlich teuer", meinte eine der Pagenkopf-Damen. „Aber die Qualität stimmt halt."

Meine Gedanken rasten. Ich versuchte, sie in Windeseile zu sortieren. Swingerparty und Saunaabend waren bereits ausgeschieden. Von einem zwanglosen After-Work-Umtrunk konnte ebenfalls nicht die Rede sein. War ich etwa in eine Verkaufsveranstaltung geraten?

Es klingelte.

„Das wird die Repräsentantin sein!", rief meine Freundin und eilte zur Tür. Ich folgte ihr verstört.

„Keine Sorge, du musst nichts kaufen. Es geht nur ums Dabeisein. Ich veranstalte die Party ja bloß, weil ich dann einen Rabatt bekomme", raunte sie mir zu.

„Ähm – einen Rabatt *worauf*?"

Sonja überhörte meine Frage geflissentlich. Stattdessen riss sie die Tür auf und ließ eine mit allerhand Krempel beladene Endvierzigerin herein, der die Tüchtigkeit fast aus den Ohren zu kommen schien.

„Wir freuen uns alle schon so", zwitscherte Sonja übertrieben fröhlich, „darf ich Ihnen etwas abnehmen?"

Ich stellte mir vor, die Rock'n'Roll-Band von damals würde sie so erleben.

Sonja verschwand mit der beladenen Dame in der Küche, während ich mich auf dem Sofa zu den anderen einreihte und unauffällig versuchte herauszufinden, was genau uns da angedreht werden sollte. Der Name Thermomix ließ der Fantasie ja allerhand Spielraum. Vielleicht ging es um ein jahreszeitlich flexibel anpassbares Bettdeckensystem? Immerhin der Klassiker auf Verkaufsveranstaltungen. Oder um Thermo-Unterwäsche? Das wäre gar nicht so übel. Der Winter stand vor der Tür, und dank meiner bewegungsarmen Tätigkeit neige ich extrem zum Frieren. Spätestens gegen Nachmittag bin ich ausgekühlt, trotz Fleece-Hausanzug, Stricksocken und Heizung auf höchster Stufe.

Meine Hoffnungen wurden zunichtegemacht, als Sonja strahlend das Wohnzimmer betrat, die Repräsentantin im Schlepptau, und als ersten Gang ein mit dem Thermomix gezaubertes Süßkartoffel-Ingwer-Karotten-Schaumsüppchen ankündigte.

Die Erkenntnis traf mich wie ein Hammerschlag: *Es ging um ein Küchengerät!*

Ich fühlte mich wie ein Alien, der versehentlich auf dem falschen Planeten gelandet war. Was übrigens nur bei Alf irgendwie lustig ist. Mir ging es eher wie E. T. – ich wollte nach Hause!

Wir begaben uns in die Wohnküche und scharten uns um den großen Esstisch, von wo aus alle einen perfekten Blick auf die Arbeitstheke hatten. Darauf thronte ein chromblitzendes Hightechteil.

Und schon legte die Repräsentantin damit los, die Vorteile ihres Produktes herunterzurasseln. Ich schaltete meine Ohren auf Durchzug. Nicht mal bewusst, sondern vollautomatisch. So geht es mir auch, wenn im Fernsehen die Aktienkurse verkündet werden oder das Gespräch auf Sonderangebote in den örtlichen Supermärkten kommt. Ich kann mich einfach nicht darauf konzentrieren. Vermutlich ein Gendefekt. Oder eine Nebenwirkung meines Berufes. Mein Arbeitsspeicher ist eben permanent maximal belastet, da ist kein Platz mehr für Rezepte, Aktienindizes oder Butterpreise.

Das Süppchen schmeckte freilich lecker. Und wärmte auch ganz wunderbar, so von innen heraus. Fast besser als Thermo-Unterwäsche.

Als Nächstes wurde uns ein Smoothie kredenzt. Alle waren begeistert. Ich nippte daran. Seit wann passten eigentlich Bananen und Spinat zusammen? Und seit wann galt es als gesund, diese irre Kombination zu trinken? Wer war hier außerirdisch – ich oder die anderen?

Die Repräsentantin warf erneut Gemüse in das Gerät, murmelte ein paar Zaubersprüche, drückte auf einen Knopf, und wenig später servierte uns Sonja freudestrahlend einen Rohkostsalat.

Wir wurden gefragt, wie lange wir üblicherweise brauchen, um so etwas herzustellen. Die Angaben schwankten zwischen zwanzig Minuten und einer Dreiviertelstunde. Ich hielt mich vornehm zurück. Vermutlich würde ich tagelang brauchen, sollte ich es denn jemals probieren. Was ich nicht vorhatte. Ich mag Rohkostsalat nicht einmal besonders gern. Und ansonsten lautet mein Motto: Was man (genauer gesagt: mein Mann) mir vorsetzt, das wird widerspruchslos vertilgt. Nie käme ich auf die Idee, ein Fünf-Gänge-Menü zu kochen, wie es die Repräsentantin gerade beschrieb.

„Das gelingt mit dem Thermomix im Nullkommanix, und Sie haben sogar noch Zeit, sich mit den Gästen zu unterhalten", prophezeite sie schwärmerisch.

Die Perlenketten-und-Platinohrring-Damen waren beeindruckt. Ich unterdrückte ein Gähnen und dachte: *Augen auf bei der Partnerwahl.* Wenn wir Gäste haben, kocht immer mein Mann, und der kann sich dabei locker unterhalten. Dafür bewundere ich ihn sehr. Genauso wie er mich für meine tapferen zehn Manuskriptseiten am Tag bewundert.

Zum Abschluss der Vorführung wendete die Repräsentantin einen extrem fiesen Trick an. Sie zauberte einen heißen Kakao mit Sahne. Aus echter Schokolade!

Verflixt, das war mit Abstand das beste Getränk, das ich je zu mir genommen hatte. Jedenfalls von den alkoholfreien.

„Pures Glück in kleinen Schlucken", stieß ich verzückt hervor. Die anderen starrten mich an.

„Das war … reine Poesie", hauchte Sonja schließlich.

Eine wohlige Wärme breitete sich in mir aus. Ein Gefühl, das ich am liebsten in Dosen abgefüllt und für schlechte Zeiten aufbewahrt hätte.

Wobei – wenn man so ein Gerät besäße, könnte man das trinkbare Glück bei Bedarf ja jederzeit genießen. Hm.

Während Sonja vorführte, wie einfach der Thermomix zu reinigen war, wurden wir Partygäste zum Einzelgespräch ins Wohnzimmer gebeten. Ich machte freiwillig den Anfang, damit ich es hinter mir hatte.

Die Repräsentantin nahm meine Kontaktdaten auf und fragte nach meinen Eindrücken.

„Na ja, zuerst dachte ich, so etwas wäre nichts für mich, weil ich ja so selten selbst koche, aber diese heiße Schokolade …"

Sie runzelte die Stirn. Frauen, die ungern am Herd stehen, begegneten ihr wohl höchst selten.

„Wissen Sie, mein Mann ist gelernter Koch, die Küche ist sein Reich."

Die Repräsentantin strahlte mich an.

„Aber das ist ja wunderbar! Ihr Mann würde sich garantiert freuen, wenn Sie ihn zu Weihnachten mit einem Thermomix überraschen. Dann hätte er es künftig leichter."

Daran hatte ich noch gar nicht gedacht. Aber natürlich: Das wäre eine wunderbare Gelegenheit, ihm zu zeigen, wie dankbar ich ihm war. Schließlich verwöhnte er mich seit über dreißig Jahren nach Strich und Faden!

„Ich denke darüber nach", sagte ich.

„Wenn Sie sich dazu entschließen, sollten Sie ebenfalls darüber nachdenken, eine solche Party auszurichten. Das reduziert den Preis um fünfzig Euro."

Um fünfzig Euro? Wie viel kostete das Teil denn, wenn es so viel Rabatt gab?

Irritiert kehrte ich zurück zu den anderen und trank meinen Kakao aus. Dann brachte ich Sonja die leere Tasse und fragte sie direkt nach dem Preis. Ihre Antwort schockiert mich zutiefst.

„Vierstellig? Ein Küchengerät für über tausend Euro?"

„Ja, aber es kann ja so viel. Getreide mahlen, wiegen, mixen, dampfgaren ... Von Marmelade bis Kuchen kannst du alles Mögliche darin zaubern."

Ich schon mal gar nicht. Wenn, dann mein Mann.

Aber das wäre schon eine verdammt kostspielige Art, meiner Dankbarkeit Ausdruck zu verleihen ...

Als ich nach Hause kam, war er schon da.

„Na, warst du im Kino?", fragte er mich.

„Nein, bei Sonja – auf einer Thermomix-Präsentation", erwiderte ich und war sehr gespannt auf seine Reaktion.

Er stutzte. „Ist das nicht dieses überteuerte Mixding?"

„Na ja. Man kann damit auch in ein paar Sekunden einen Rohkostsalat zaubern."

„Aber du magst doch gar keinen Rohkostsalat."

Er kennt mich eben.

„Du hättest den heißen Kakao aus echter Schokolade probieren müssen. Ein Traum!"

Er öffnete den Schrank und zog ein paar Utensilien hervor, klapperte damit herum und machte sich am Herd zu schaffen.

„Sag mal, wie viel Liter passen eigentlich in diesen Thermomix?", fragte er beiläufig, während er allerbeste Vollmilchschokolade im Wasserbad erhitzte.

Der Gute!

„Keine Ahnung. Vielleicht so zwei?"

Er prustete los.

„Zwei Liter bloß? Das ist ja lächerlich", japste er. „Außerdem: Was kann dieses Ding, was ich nicht im Handumdrehen auch ohne hinbekäme?"

Er überreichte mir eine Tasse heiße Schokolade.

Zum zweiten Mal für heute pures Glück in kleinen Schlucken. Vielleicht sogar noch einen Hauch besser als vorhin.

„Überhaupt nichts", sagte ich und küsste ihn.

Umgekehrt würde mir dagegen so allerhand einfallen …

NACHWORT: DER BESTE EHEMANN VON ALLEN

♥

Als ich meinem Mann erzählte, dass ich ein Buch über Männer seines Alters – also quasi über ihn – schreibe, war er zunächst erstaunt („Was gibt's denn über mich schon zu erzählen?"), dann geschmeichelt („Echt, über mich?!), dann hilfsbereit („Soll ich noch was Lustiges sagen für dein Buch?), dann wachsam („Das schreibst du aber nicht!") und schließlich gelassen. Mit Recht, würde ich sagen, denn ist er nicht supergut weggekommen in diesen Geschichten?

Zwischendurch hatte ich selbst ein paar Bedenken. Ist es wirklich okay, die Macken meines Liebsten in einem Buch zu verarbeiten? Doch meine Freundin Steffi meinte nach der kritischen Lektüre, es bestehe kein Anlass für ein schlechtes Gewissen. „Das liest sich wie eine einzige Liebeserklärung", fand sie.

Zweifellos ist mein Liebster der beste Ehemann von allen. Für mich jedenfalls. Für alle anderen steht er, wie er selbst betont, ja zum Glück nicht in dieser Funktion zur Verfügung. Ich würde ihn auch keinesfalls hergeben. Und das nicht bloß deshalb, weil er für dieses Buch wandelnde Inspiration und unerschöpfliche Quelle zugleich gewesen ist.

Wenn dir mein Mann dennoch leidtut, sei versichert: Dem Guten geht es bestens! Außerdem liest er dieses Buch ja sowieso nicht. Und falls doch, dann weiß er, dass jedes Wort lieb gemeint ist.

Wenn er Revanche will, muss er ja bloß ein Buch über mich schreiben! Stoff dafür gäbe es sicher genug. Denn ja, ich gebe es zu: Ich werde auch von Tag zu Tag wunderlicher. Das muss ansteckend sein!

DANKE! DANKE! **DANKE!**

♥

Es ist wohl klar, wem ich an dieser Stelle am allermeisten zu danken habe: natürlich meinem Mann. Nicht nur dafür, dass er dem Ganzen überhaupt zugestimmt hat – schließlich verrate ich hier ja so allerhand aus dem Nähkästchen unserer Ehe –, sondern vor allem auch dafür, dass er mir über die Jahre so viel wunderbaren Stoff geliefert hat, über den es sich zu schreiben lohnt.

Bei der Arbeit an diesem Manuskript ist mir erst so richtig klar geworden, wie toll unsere Ehe ist. Und vor allem ist sie alles andere als langweilig!

Lachen hält gesund und macht glücklich – wie gut, dass es bei uns jeden Tag viel zu lachen gibt! Dafür bin ich wirklich sehr, sehr dankbar.

Darüber hinaus möchte ich allen danken, die an der Entstehung dieses Buches beteiligt waren:

Annely Tiedemann vom EMF-Verlag, die kurzerhand die übliche Reihenfolge umgedreht hat und schon vor mir wusste, dass ich dieses Buch schreiben würde. Danke für den Impuls, liebe Annely, ohne den ich vielleicht nie auf diese Idee gekommen wäre. Dabei wollten alle diese Texte wirklich dringend geschrieben werden! (Na ja, hinterher ist man immer klüger.)

Anja Koeseling, meiner Agentin und Freundin, die mich mit ihrer Reaktion auf meine ersten Ideen so sehr motiviert hat, dass ich gar nicht mehr aufhören wollte zu schreiben. Danke für deine Lachtränen, liebe Anja, für inzwischen zehn Jahre Freundschaft und Zusammenarbeit – und dafür, dass du am Ende immer recht behältst!

Steffi Emrich, meiner Freundin und Testleserin. Dein Feedback ist die beste Motivation überhaupt! Was täte ich nur ohne dich, deine Anfeuerungsmails und dein Adlerauge. Nicht zu fassen, was du mal wieder für Tippfehler gefunden hast … (Ich sag nur: Schenkgrill und Frischköse!)

Marijke Leege-Topp, der Lektorin, die mein Manuskript nicht nur von überflüssigen Füllwörtern, sondern auch von Logik- und Denkfehlern befreit hat. Danke für die wertvollen Tipps und Hinweise!

Nicht zu vergessen das Team in der Presseabteilung, die Schriftsetzer, Korrekturleser, Covergestalter, Vertriebler, natürlich auch die Drucker und überhaupt alle, die aus meinem Manuskript dieses Buch gemacht haben.

Und natürlich danke ich allen, die dieses Buch kaufen, verschenken, rezensieren, empfehlen und vor allem lesen.

Also dir!

Der Wahnsinn, du liest sogar die Danksagung bis zum letzten Wort. Davon kann man als Autorin bloß träumen! Ich hoffe, du hast die Lektüre genossen, vom Nicken und eventuell auch Kopfschütteln kein Schleudertrauma bekommen und idealerweise hin und wieder gegrinst, gekichert oder sogar laut losgeprustet. Denn genau das war meine Absicht.

Heike Abidi
im März 2021

FSC
www.fsc.org

MIX
Papier aus verantwortungsvollen Quellen
FSC® C145070

echtEMF ist eine Marke der Edition Michael Fischer

1. Auflage
Originalausgabe
© 2021 Edition Michael Fischer GmbH, Donnersbergstr. 7, 86859 Igling
Covergestaltung: Michaela Zander, unter Verwendung einer Illustration von Sarah Lukic
Dieses Werk wurde vermittelt durch Anja Koeseling/Agentur Scriptzz, www.scriptzz.de
Redaktion: Marijke Leege-Topp
Layout/Satz: Michaela Zander
Gedruckt bei GGP Media GmbH, Karl-Marx-Str. 24, 07381 Pößneck

ISBN 978-3-7459-0771-1

www.emf-verlag.de